有用 才是硬道理

高绩效培训师实战手册

王法松
—著—

中国铁道出版社有限公司
CHINA RAILWAY PUBLISHING HOUSE CO., LTD.

图书在版编目（CIP）数据

有用才是硬道理：高绩效培训师实战手册/王法松著. —北京：中国铁道出版社有限公司，2019.5（2024.7重印）
ISBN 978-7-113-25611-1

Ⅰ.①有… Ⅱ.①王… Ⅲ.①企业管理－职工培训－手册
Ⅳ.①F272.92-62

中国版本图书馆CIP数据核字（2019）第041846号

书　　名：有用才是硬道理——高绩效培训师实战手册
作　　者：王法松　著

策划编辑：巨　凤　　　　**读者热线电话：**（010）83545974
责任编辑：苏　茜
助理编辑：邹一丹
责任印制：赵星辰　　　　**封面设计：**宿　萌

出版发行：中国铁道出版社有限公司（100054，北京市西城区右安门西街8号）
印　　刷：北京联兴盛业印刷股份有限公司
版　　次：2019年5月第1版　2024年7月第5次印刷
开　　本：710 mm×1000 mm 1/16　**印张：**14.5　**字数：**220千
书　　号：ISBN 978-7-113-25611-1
定　　价：55.00元

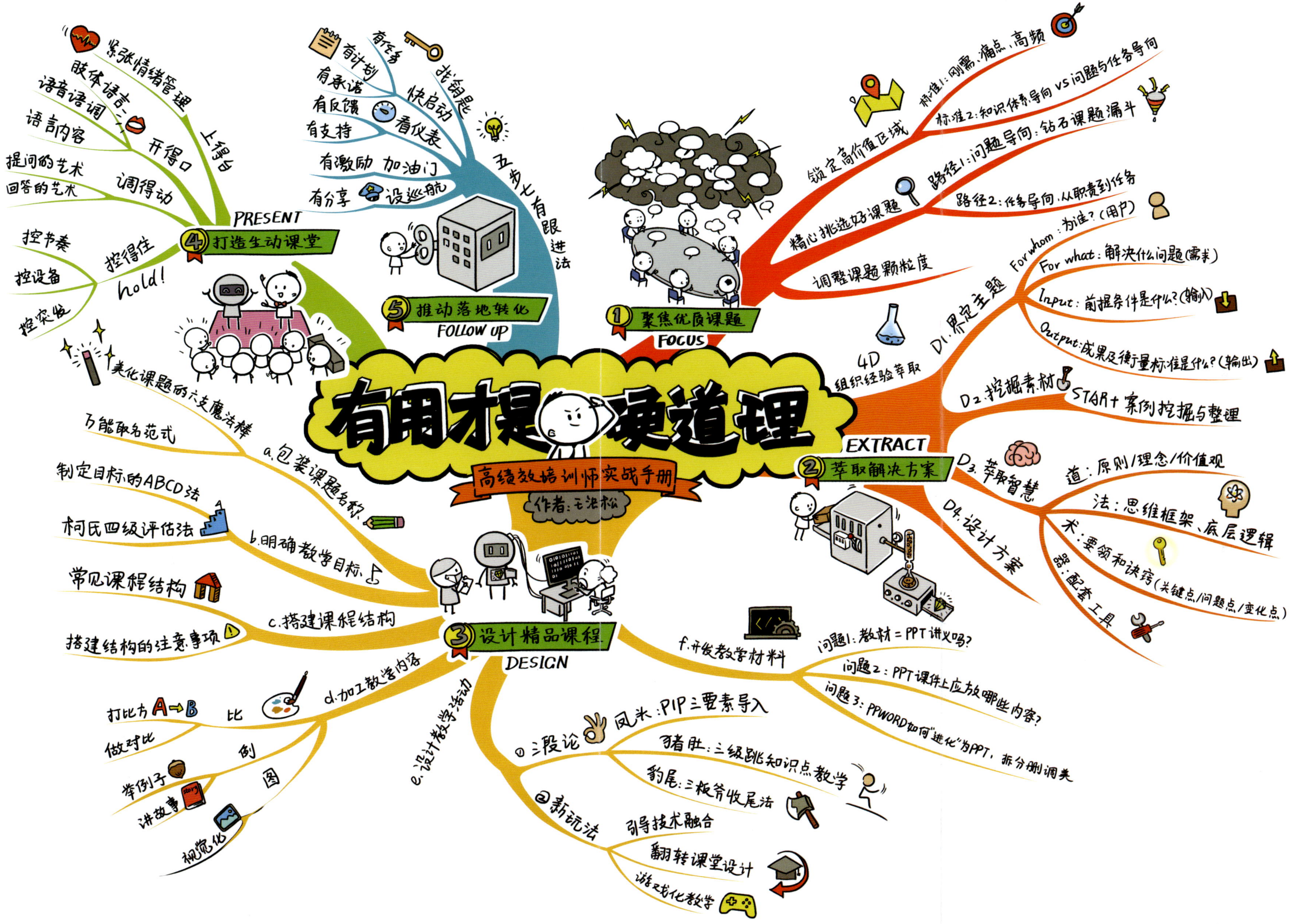

有用才是硬道理
高绩效培训师实战手册
作者：王兆松
1 聚焦优质课题
FOCUS
锁定高价值区域
标准1：刚需、痛点、高频
标准2：知识体系导向 vs 问题与任务导向
精心挑选好课题
路径1：问题导向：钻石课题漏斗
路径2：任务导向，从职责到任务
调整课题颗粒度
2 萃取解决方案
EXTRACT
4D 组织经验萃取
D1.界定主题
For whom：为谁？(用户)
For what：解决什么问题(需求)
Input：前提条件是什么？(输入)
Output：成果及衡量标准是什么？(输出)
D2.挖掘素材
STAR+案例挖掘与整理
D3.萃取智慧
道：原则/理念/价值观
法：思维框架、底层逻辑
术：要领和诀窍(关键点/问题点/变化点)
器：配套工具
D4.设计方案
3 设计精品课程
DESIGN
a.包装课题名称
美化课题的六支魔法棒
万能取名范式
b.明确教学目标
制定目标的ABCD法
柯氏四级评估法
c.搭建课程结构
常见课程结构
搭建结构的注意事项
d.加工教学内容
比
打比方 A→B
做对比
例
举例子
讲故事
图
视觉化
e.设计教学活动
①三段论
凤头：PIP三要素导入
猪肚：三级跳知识点教学
豹尾：三板斧收尾法
②新玩法
引导技术融合
翻转课堂设计
游戏化教学
f.开发教学材料
问题1：教材=PPT讲义吗？
问题2：PPT课件上应放哪些内容？
问题3：PPWORD如何"进化"为PPT，拆分删调美
4 打造生动课堂
PRESENT
上得台
紧张情绪管理
开得口
肢体语言
语音语调
语言内容
调得动
提问的艺术
回答的艺术
控得住
hold!
控节奏
控设备
控突发
5 推动落地转化
FOLLOW UP
五步七有跟进法
找钥匙
有任务
快启动
有计划
有承诺
看仪表
有反馈
有支持
加油门
有激励
设巡航
有分享

自序

PREFACE

让人人为师不再难，让人才培养更简单

“不忘初心，方得始终。”交稿的那一刻，我的心头忽然涌起了这八个字。

2003年，我在联想从事培训管理和企业文化建设工作。那时，国内成熟的企业大学还屈指可数，余世维老师和张晓彤老师的作品正红遍大江南北。次年，昌浩兄送给我一本杨思卓老师写的书，我如获至宝，珍藏至今，边看边想“什么时候，我也写一本自己的书”。一晃，已过去了15年。

2009年，我正式进入管理咨询业，成了一名职业培训师。那时，我主讲的第一门课是《魅动全程——企业内训师的十八般武艺》。建发、安踏、龙净环保、华电开关等知名企业的员工是我的第一批付费学员。一晃，也已过去了10年。

2017年，创办企友咨询的第六年，我终于下定决心出书。于是，我们团队开始系统性地梳理“课程开发与讲师培养”的发展脉络，试着观察这

个“江湖”的动态，倾听各方的声音，并且不断整理素材，更新自己的知识体系。一晃，又花了将近 2 年的时间。

姑且将“课程开发与讲师培养”看作企业管理丛林中的一个小小物种，我们不难发现，它在国内大抵经历了三个各具特色的发展阶段。

在初始的 1.0 阶段，它有一个大家耳熟能详的称呼，叫 TTT[①]。

在 TTT 的早期，大家一定会想到一句话——“我不是培训师，我是明星”。内容的主体是演讲表达，主要教说学逗唱的功夫，比如眼神怎么看、站姿有什么讲究以及语音语调怎么做到抑扬顿挫、铿锵有力。

到了 2.0 阶段，情况发生了变化，大家发现一场好的培训仅仅依靠老师在台上唱独角戏是无法完成的。每一个教学现场都像交谊舞的舞池，而培训师和学员仿佛舞者，场景中既需要舞台、灯光、音响，也需要舞者结成舞伴，你来我往，彼此呼应。所以在 2.0 阶段，授课技巧的训练得到了空前的重视，其核心是如何引导以及如何控制场面情况。

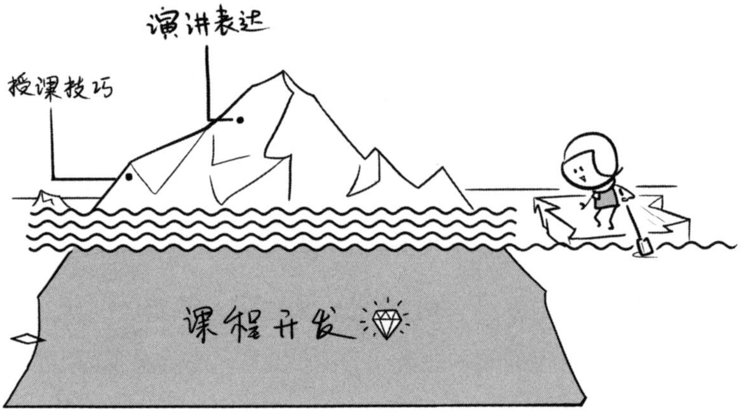

① TTT 是 Train The Trainer 的英文缩写，是“培训培训师”的意思。（MBA 智库 • 百科）

但是人们很快又发现，就算老师授课技巧再好，演讲表达能力再强，培训效果可能仍然无法令人满意。一堂真正好的课，首先不是讲出来的，而是设计出来的。好比一座冰山，演讲表达、授课技巧都是冰山在海面上的显性部分，真正决定这座冰山的东西却在海面之下，也就是"课程开发"。"课程设计与开发"逐渐成为热词，替代了"TTT"的江湖地位，也由此进入了3.0的发展阶段。

进入3.0后的这几年，世界风云变幻，移动互联网渗透了社会的方方面面。企业人才发展领域热闹非凡，可谓"你方唱罢我登场"，行动学习、教练技术、微课……各领风骚，百家争鸣。这几年也是国内企业大学发展最迅猛的时期，企业培训的内部化和线上化呈现出如火如荼的局面。内训师队伍的搭建和运营几乎成了成熟企业人力资源的基础工作。

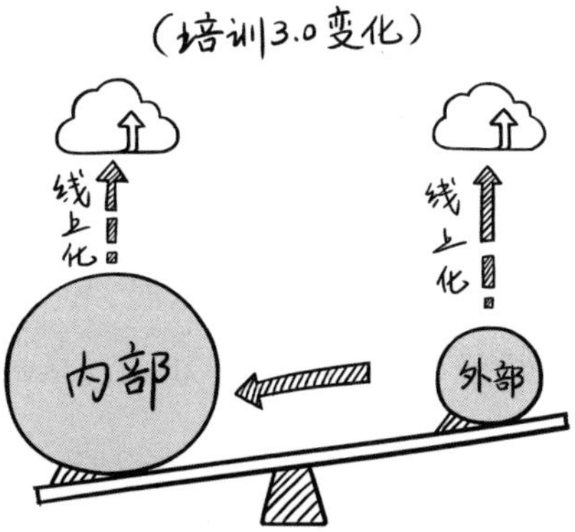

而近几年，据我们观察发现，至少有三个变化正在发生。

第一个变化是"课程开发"扩展为"学习项目设计"。由"点"变成"线"，再拓展到"面"，每个课程已经不仅仅是单一的课堂教学，还包含培训前（下称"训前"）、培训后（下称"训后"）的完整学习体验。"翻转课堂[②]"

② 翻转课堂译自"Flipped Classroom"或"Inverted Classroom"，是指重新调整课堂内外的时间，将学习的决定权从教师转移给学生。在这种教学模式下，教师不再用课堂时间讲授信息，这些信息需要学生在课前通过学习音/视频微课、查阅资料等方式完成自主学习，而课堂变成了老师与学生之间以及学生与学生之间互动的场所，包括答疑解惑、知识的运用等，从而达到更好的教育效果。（节选自MBA智库•百科）

这一教学创新改革方法在国内企业界得到普遍应用。

第二个变化是“混合式学习”成为标配。学习不等于培训，培训不等于上课，上课也不等于课上。线上线下一体化（培训 O2O）、引导技术和教练技术在培训中融合使用、智能化工具（包括小程序）赋予课堂更多互联网色彩，这些都给培训带来了很多新鲜感。人们习以为常的“老师台上讲，学员台下听”的传统培训画面已经被颠覆得支离破碎。

第三个变化是培训比以往任何时候都更注重绩效导向，注重对问题解决的实际作用和对工作任务的有效支持，更注重立足于实际业务场景，实施“场景化学习”③。

完全可以这么认为，一个全新的 4.0 发展阶段在不知不觉中已然来到了我们身边。

一方面，变化无时不有、无处不在。另一方面，我们发现一个有趣的现象——万变不离其宗。真正具有系统性思维的课程开发模式，无论用什么说法来定义和包装，其底层逻辑几乎清一色是 ADDIE④。

尽管培训师技能的边界得到了明显的拓展，但“编（课程开发）、导（互动控场）、演（演讲表达）”依然是培训师最基本、最重要的必修课。同时，我们还深切地感受到，正如人们需要的是钻头钻出的孔而非钻头本身，培训对于企业同样只是手段而非目的。作为管理活动中的一个子项，培训的有效性和经济性正在被企业高层不厌其烦地强调。换句话说，培训必须具有“最佳投入产出比”才有可能真正获得企业的青睐。

然而理想很丰满，现实很骨感。从供给侧角度看，无论企业还是个人（培

③ 场景化学习：在学习中构建类似实战的场景，让学员研讨或练习在该场景下的处理方式，并通过即时反馈促使学员改变，最终学会如何应对，即所谓的“训对准战，训战结合”。（《场景化学习——适应这个时代的学习方式》）

④ ADDIE 模型是一套有系统地发展教学的方法，作为培训课程开发模型之一，ADDIE 模型就是从分析（Analysis）、设计（Design）、开发（Development）、实施（Implementation）到评估（Evaluation）的整个过程。它主要包含三个方面的内容，即要学什么（学习目标的制定）、如何去学（学习策略的应用），以及如何去判断学习者已达到学习效果（学习考评实施）。（MBA 智库 • 百科）

训管理者和企业培训师）对外部智囊的专业支持都难言满意。他们“吐槽”的理由主要包括“两个不懂”：

一是不懂业务。很多课程开发与讲师训练的方法，是把手段当目的，为了技术而技术，无法紧密衔接企业经营，做到从业务中来、到业务中去，进而促进组织绩效提升。

二是不懂企业培训师。我们常常宣称管理者是人力资源的第一责任人。按道理，担任企业培训师，做好下属培育是每一位管理者的职责本分。可是学院派方法中一大堆深奥晦涩的专业术语和过度完美主义的要求，如同横亘在他们眼前的一座大山，令人云里雾里、难以翻越。而以江湖派为主，依靠碎片化经验转化得来的花式打法，又让人觉得零敲碎打不成体系，甚至似是而非、误人子弟。毕竟对于这些管理者和业务专家来说，培训工作显然算不上他们最核心的工作。他们担任企业培训师，兼职比例远远超过了专职。他们的求学经历中也罕见教育类相关专业背景。

那么，问题来了。是否能总结出一套这样的方法和工具呢？

它把“有用才是硬道理”当作宗旨，信奉德鲁克的箴言：“管理是一种实践，其本质不在于‘知’而在于‘行’。其验证不在于逻辑，而在于成果，其唯一权威就是成就。”它从业务需求出发，以提升绩效为归依，深深扎根于真实的业务场景中。

它是“国际标准，本土实践”的产物，既传承权威经典，保持了科学性和系统性，又充分考量国内企业的实际状况，不“端”不“装”接地气，简单好用求实效。它本身就是一套被大量实践验证为有效的高品质解决方案，流程、方法、工具三者兼备。哪怕你是一个非专业人士，同样可以看得懂、学得会、用得上，而且喜欢它。

当问题被精准锁定，余下的就是追寻答案。我们查阅了教育培训和人才发展领域的很多专著，最重要的是复盘了团队做过的500多个项目、开发和指导开发的7000多门课程，并且在接受过我们训练的企业培训师中抽样回访了100多位优秀代表，我们将这些经验掰开来讲，全部体现在这本书里。

这是一本企业培训师的实战指南，特别适合企业管理者、业务专家、培训管理者、企业培训师阅读。全书内容分为七个章节：

第一章申明了一个观点："培训师技能是VUCA⑤时代每一位职场精英的必修课。"对于企业，通过课程开发和讲师培养，可以沉淀组织智慧、缩短人才培养周期，有利于推动战略落地、文化传承和绩效提升，可以使组织更具备洞察变化、适应变化的核心优势。对于组织中的个体，无论选择管理线还是专业线发展，都将受益于此，更有机会获得个人职业生涯的跃迁。

从第二章到第四章，把"场景化精品课程"当作"绩效提升的高品质解决方案"来看待，从企业培训痛点切入，围绕目标、内容、形式三个要素，按照聚焦选题、萃取方案、设计课程三个步骤，完整讲解了一门解决方案式课程诞生的GCF金字塔课程开发模型⑥。对于有一定基础的读者，在第五章中还可以看到一些课程设计的新玩法，通过实际案例体验创新型教学设计，比如引导技术、翻转课堂等在培训中的融合运用。

第五章从课程开发转向授课现场，从后台转向前台，致力于帮助企业培训师们更从容地展现魅力。既有演讲表达的基本功（紧张情绪管理、语音语调、肢体语言），又有授课技巧（互动、控场）的关键要领。

第六章主要讲述了如何将培训转化为绩效，以"五步七有"为关键路径，

---

⑤ VUCA被用来描述已成为"新常态"的、混乱的和快速变化的商业环境。其中包含四个元素：
V=Volatility（易变性）；
U=Uncertainty（不确定性）；
C=Complexity（复杂性）；
A=Ambiguity（模糊性）。

⑥ GCF指的是本书提倡的开发课程的三个核心要素：
G=Goal（目标）明确课程目标；
C=Content（内容）梳理课程内容；
F=Form（形式）设计教学形式。

有助于读者设计简便可行的落地方案，避免“有用”成为一句空话。

最后一章，作者所带领的团队基于多年培训与咨询工作实践，对学习发展趋势做出了预测和展望，分析“轻学习”成为必然范式的原因，同时提出“轻学习”的八个关键词供读者们参考。

此外，我们别出心裁地为部分重点章节设计了实战练习，读者可以先行思考，做出自己的作品之后，根据题后指示，阅读作者提供的参考答案。

中间的五个章节，是按照流程顺序形成的一个有机整体，但每个章节同时具有独立性。读者朋友既可以逐页翻阅，也可以根据自己的疑问针对性选读。我们甚至倾向于建议刚入门的企业培训师优先阅读第五章的演讲表达与授课技巧。

用心琢磨的读者或许会发现，本书中的很多方法、技巧并不仅仅可以用来做培训，只要能触类旁通，它们完全可以在日常的工作和生活中发挥意想不到的作用。

凡事都有其边界，这本书的内容也有其明确的场景界定，以针对企业内有实践基础的问题和任务为主，出了这个边界恐怕未必有效。加之这个世界正以日新月异的速度在变化，学习技术也在不断更新迭代，过去实践验证为对的东西，在未来完全有可能站在了正确的反面。所以我们所能做的，只有知无不言、言无不尽，怀着十分的诚意和大家交流探讨。

这本书虽然以我为署名作者，但本质上是团队协作的集体成果。

感谢团队全体伙伴这一路不分彼此、抱团作战！其中有几位做出了突出贡献：赖巧晖全程统筹工作进程并担起了“内部编辑”的重任，蔡鸿源承担了本书全部插画的手绘工作，刘盈盈协助整理、编写了很多素材并且和胡松龄一起撰写了课件制作部分的初稿，蔡晓蓉协助了部分录入，刘筠筠则充当 “反派”，从读者视角提供了很多有价值的反馈。

感谢广大客户的信任和支持！没有与你们合作的那么多成功项目作为土壤，就不可能有那么多典型案例和经验用来复盘。

感谢本领域的专家和同行！从你们身上学到了很多方法，少走了很多弯路，同时也通过与大家的交流得到了诸多启发。

感谢 Sophie！您作为本书编辑，颜值与才华兼备，又独具匠心，给了我们很多实实在在的指导和帮助。

感谢我的太太和孩子。在我写书期间，太太替我分担了几乎所有的家务，孩子也能理解我陡然减少的陪伴时光。没有你们的支持和付出，真难以想象自己能够静下心来奋笔疾书。

“让人人为师不再难，让人才培养更简单”是我的一份初心。怀揣这份初心，十五年来躬身践行，念念不忘，终于在实现这个梦想的道路上迈出了重要的一步。希望借由这本书，能让读者朋友体验到“分享”的乐趣以及由此带来的美好。同时，囿于水平，错漏难免，非常期待得到您的宝贵意见，以帮助我们一点一滴持续进步。

最后，谢谢每一位读者的厚爱。感恩遇见，有你真好！

王法松

2018 年 12 月

目录

CONTENTS

第 3 章 03

如何提炼高手“套路”

第 4 章 04

如何炼成精品课程

第7章 07

轻学习：未来学习的八大关键词

第1章

培训师技能：新时代职场必修课

1.1 组织能量提升的催化剂

> 狄更斯在他所著的《双城记》一书里，有一句非常出名的开篇语：
> “这是一个最好的时代，也是一个最坏的时代。”
> 时隔一百多年，用这句话来形容当下竟再恰当不过。

宝洁公司首席运营官罗伯特·麦克唐纳（Robert McDonald）借用一个军事术语对如今的商业世界格局下了一个更为精确的注脚：“这是一个 VUCA 的世界”。

VUCA 时代最大的特征就是不确定性非常强，变化非常快，经常让人猝不及防，眼花缭乱，甚至分外焦虑。一个典型的案例，2014 年共享单车崭露头角，2016 年激增到至少 25 个共享单车品牌，一时间大街小巷遍布各色单车，挤占了非常多的公共空间，但是潮水来得凶猛，退去得更快，今天我们会发现大街小巷的共享单车里，曾经五颜六色的各种品牌绝大多数已不见踪影。

诚如查尔斯·达尔文所言：“最终存活下来的，不是最强壮的物种，也不是最有智慧的物种，而是那些对环境变化做出最快反应的物种。”我们必须在企业内部构建强大的能量场，进而将能量转化为行业领先的学习力，快速洞察变化、适应变化，才能使组织保有竞争优势，活下去并发展壮大。

这两年，“赋能”这个词语的热度不断攀升。大家知道，组织由若干数量的个体构成。每个个体都有自己的能量场，而团队的能量场则由其团队成员的个体能量场聚合形成。

如何提高组织能量的量级呢？组织能量的高低跟三个方面有密切关系。

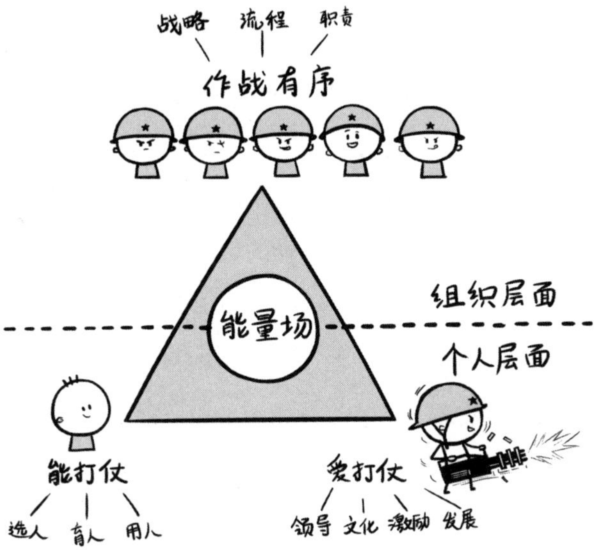

（1）团队成员必须“能打仗”

他们必须具备完成工作任务、解决实际问题所需要的知识和技能，主要和选人、育人、用人三个因素关联。也就是说，企业需要引进符合组织需要的高潜质人才，培养他的才能，然后适人适岗，用人所长，把他们安排在最能发挥能量的岗位。

（2）团队成员必须“爱打仗”

单个个体就算非常“能打仗”，也未必能够创造高绩效。“爱不爱打仗”会直接影响到他发挥能力的程度，这和他直线上级的领导风格有关，和整个团队的文化有关，和激励机制包括个人职业发展空间有关，我们通俗地概括为“前途”、“钱途”和“快乐”。

（3）团队成员必须“作战有序”

组织效能能不能实现“1+1=2”，甚至“1+1>2”，就在于是否能做到“作战有序”。“作战有序”取决于明确的战略、科学的流程，以及清晰的职责。

创业团队先是创建一个初始的能量场，以此培养一批“能打仗”“爱打仗”的关键人才，再和他们联手提升能量的量级，然后又“孵化”出更多的优秀人才，由此循环往复、生生不息。这个过程颇有些“道生一，一生二，二生三，三生万物”的味道，最显著的表现就是人才质量与数量的快速裂变。

很多公司在推广培训师技能后尝到了甜头。俗话说得好，经验的浪费是企业最大的浪费。他们通过训练各层级管理者和各条线业务专家成为企业培训师，不断从团队的最佳实践中萃取出高品质解决方案，然后通过科学的教学设计，将解决方案开发成一批又一批的精品课程，传授给新员工，大大缩短了人才培养周期，提升了团队协作效率，为组织能量场的三个支点提供了强大助力。正因如此，越来越多的企业开始高度重视内部课程开发和企业培训师的培养。

每一家有着基业长青梦想的企业，都应该铭记习近平主席的话：“发展是第一要务，人才是第一资源，创新是第一动力。”

1.2 个人职业发展的加速器

大多数相对成熟的公司为员工设计的职业发展通道有两条，一条是管理线，即员工→主管→经理→总监→高管；另一条是专业线，即助理→专员→高级→资深→首席；合并起来也就是我们常说的 Y 字形职业发展通道。

（1）**管理线**。管理是通过团队工作来达成目标的过程。人都管不好，怎么当领导？沟通、辅导、激励这些与人打交道的工作是管理者每天的核心事务。这些工作任务所包含的能力要求，在培训师技能中都有明显的体现。毋庸置疑，马云是一位卓越的领导者。在 2018 年达沃斯论坛上接受中央电视台采访时，他说了这么一段话：“我不懂什么 marketing（市场），我不懂技术，甚至财务也搞不清楚，唯一让我成为企业人的重要因素是因为我当过老师，当老师你最主要是选择学生、训练学生和培养学生，过去的 19 年我花的最多的时间是发现人才、培养人才和训练人才。”可以说，好老师不一定是好领导，但好领导一定是一个好老师。

(2) **专业线**。专业线发展最核心的条件是专业研究水平的不断精进。大多数人应该都有过这种亲身体验，通过若干年摸爬滚打，获得了很多直接经验，这些直接经验帮助我们更加游刃有余地解决问题。但这些经验往往是隐性的、碎片化的，真正要教给别人时，很难说清楚、道明白。这种情况下，如果能主动去开发和讲授课程，就会产生“输出倒逼输入”的神奇效果。人们常说“分享是最好的学习”也就是这个理儿。通过担当企业培训师，不仅能整合分享者自身的经验，还能时不时地得到学员激发，通过与学员交换心得经验，使自己的功力呈倍速增长。

这些年，企业大学如雨后春笋般涌现出来，越来越多的公司开始组建专职的企业培训师队伍，比如平安保险、阿里巴巴。在类似这样的组织里，在管理线和专业线的基础上，衍生出了可以叠加发展的第三条路线，就是当培训师。

所以，对所有职场人士而言，培训师技能可谓是 VUCA 时代的必修课，是组织和个体的重要共赢点。

1.3 想说爱你不容易

普及培训师技能，做好人才培养工作，无论对组织还是个人都非常有意义。但提起培训，大家却很无奈。公司管理层、企业培训师甚至学员对此纷纷表示头疼。下面的情景对很多公司来说并不陌生：

一次王总与员工小明闲聊，提到前不久公司组织的培训，于是王总问小明：“小明，前几天公司组织的培训去听了没有啊？”

小明很高兴地回答：“谢谢王总！我去听啦。”

王总又问：“要不你说说培训讲了些什么，对你有哪些帮助？”

这时，小明抓耳挠腮，满脸通红，啥都说不出来。

作为公司高层管理者，面对员工这样的反馈有何感想？听过，听过，原来指的是“听完就过了”呀！花了那么多经费，耗了那么多时间，简直竹篮打水一场空。培训过后，员工没有任何改变，团队的绩效也没有任何提升。于是，管理层得出一个结论——“培训无用”，能取消的培训一律取消掉，实在取消不掉的则想方设法简化操作，最终变成了一种噱头，当作“员工福利”用于公司的招聘和留人。

作为学员，参加一场培训的确需要付出不少时间精力，他们心里其实也不希望培训像徐志摩《再别康桥》里所写的那样“我挥一挥衣袖，不带走一片云彩”。可为什么最终还是成了走过场呢？听听他们是怎么“吐槽”的。

学员甲：“唉，甭说了，这个课跟我的工作半毛钱关系都没有，我才不想学呢，还非得逼我牺牲周末休息时间去听，说什么不参加就罚钱，太不人道了！”

学员乙："这个课题倒是挺适合我的，可是这老师完全在说天书啊，网上怎么说的来着？对，不明觉厉！他在天上飞，我们在地上追，追也追不上，反正学不会，算了，算了。"

学员丙："我觉得上班已经很折磨人了，没想到上课比上班还要命，整个过程全是老师在台上照本宣科，我们坐在台下简直像空气，丁点儿存在感都没有！"

学员丁："上课听得很激动，回到岗位没法用。老师说到的那些条件，好几条我们不具备。而且我试了试觉得很不习惯，还是老办法比较顺手。最糟糕的是，我们 BOSS 批评我瞎折腾，根本不支持我改变做法。"

不想学、学不会、用不了、太无趣……构成了学员抱怨的最主要原因。

不过，最郁闷的还是企业培训师。他们觉得自己比窦娥还冤。

“我真是吃力不讨好呀！你看我，平时业务那么忙，工作压力那么大，为了这次培训课，我可是足足两个星期‘五加二、白加黑’地没休息了，结果好心被当了驴肝肺！”

公司管理层不满，学员抱怨，企业培训师也郁闷。所有人怨气汇集在一起，像潮水般地涌向这件事的联结者——培训管理部门。培训管理者被大家喷了一身口水，没法反驳，就算反驳了也没什么用。他只能一脸麻木，擦擦手心的汗，嘟嘟囔囔地说：“宝宝心里苦啊，不安排培训领导批评，安排了培训，学员又抱怨。敢问苦海无边，何方是岸？”

答案就在一句话——“有用才是硬道理”。

1.4 有用才是硬道理

营销江湖上有一句经典语录：“好的产品会说话。”一场好的培训本质上就是一款产品，这款产品包含了课程和讲师两个重要着力点。

先抛开培训不说，我们尝试用产品经理的视角来看看产品设计的出发点究竟是什么。熟悉产品开发的人，一定能脱口而出三个关键词：用户、需求、场景。当产品经理在策划一款新品时，必然绕不开下面三个根本性的问题：

第一个，用户画像问题。我的产品究竟给谁用？

第二个，需求问题。我的产品究竟可以为用户解决什么问题？

第三个，场景问题。我的产品在什么时间、什么场合、什么情况下为用户发挥它的作用？

被产品经理天天挂在嘴边的，还有一个词语是“用户体验”。

《体验为王——伟大产品与公司的创生逻辑》作为一本专门探讨用户体验

的书，提出了一个用户体验模型，认为用户体验可以分为三个层面，依次是“需求满足”（我实现了我的目的）、“容易性”（我无须大费周章）和“愉悦”（我对此颇感满意）。用更接地气的话说，应该可以概括为：有用、易用、用得爽。

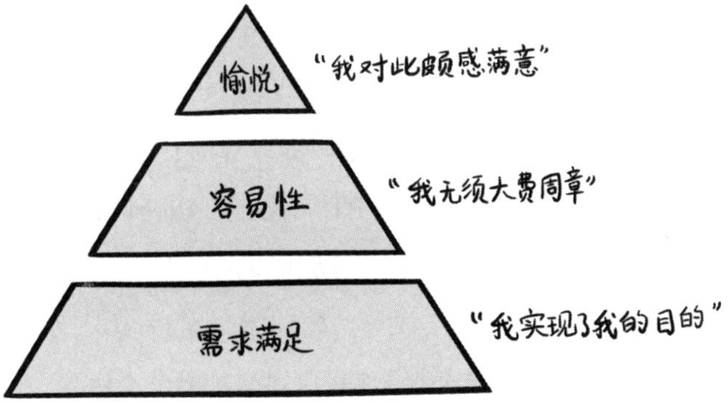

很有意思的是，周鸿祎用他的实践侧面印证了这个模型的正确性：

需求满足——360 作为一款杀毒软件，能在市场上发展壮大，首先必须有能力迅速发现并查杀电脑病毒。

容易性——初期，360 的界面做得非常简单，只有三个按钮：快速扫描、全盘扫描、指定位置扫描。虽然刚面世时引起过“不专业”的争议，但事实证明，用户恰恰喜欢这么“简单”的软件。

愉悦——360 把很严肃的杀毒设计得很娱乐。电脑一开机，360 就跳出“今天开机 21 秒，超过了 96% 的电脑”，大家保持了学生时代的习惯，希望自己每天得 100 分，所以用户很来劲。

既然培训也是一种产品，用户体验模型应该同样适用于课程开发与讲授。

在我们动手开发课程之前，首先要问自己一个原点问题：“这门课程是用来帮助谁在什么情况下解决什么问题的？”

原点问题的答案事关“目标”，直接决定了我们为什么培训。人们常说，选择比努力更重要，选择不对，努力白费。只有当用户画像越清晰，场景越明确，需求越强烈，一门培训课才越有可能成为精品之作。

为了实现“目标”，我们需要回答另外两个重要问题。一个是：我们培训什么？还有一个是：我们怎么培训？前者问的是“内容”，后者问的是“形式”。

有一个小调查，让大家投票内容重要还是形式重要。认为内容更重要的人大概占到了六成，他们认为内容才是培训有效性的关键因素，形式只是锦上添花。还有大约三成觉得形式更重要，他们的理由看着也相当充分：“随着移动互联网的大范围普及和知识付费的大规模兴起，人们可以通过很多不同的渠道轻松获得自己所需的知识和技能。以 PPT 的操作方法为例，几乎 100% 可以通过百度找到答案。为什么还要费时费力参加培训课呢？企业培训师存在的价值究竟是什么？必须通过科学的教学设计，缩短学员掌握知识技能的时间，同时寓教于乐，让学员觉得学习过程不那么痛苦。当‘内容’不再是个难题，‘形式’就彰显出了它的重要性。”

剩下的 10% 笑而不语，他们选择了最“狡猾”的一种答案——内容和形式一样重要！

培训师郭城打过一个比方。他说我们在煮饭的过程中，如果米放多了，水放少了，那么煮出的饭会比较硬，让人难以吞咽。相反，如果水放多了，米放少了，煮出的饭充其量只能算稀饭，甚至可以戏称为淘米水。这样的饭吃起来容易，三下五除二全落了肚，但是不扛饿，兴许去一趟洗手间回来，你会开始犯糊涂：究竟是吃过呢？还是没吃过？所以必须做到“米”和“水”比例恰当，才能做出一锅既可口又扛饿的香喷喷大米饭。

依此类推，类似前一种饭的课程，美其名曰“干货”。很多技术骨干做培训时倾向于熬制“干货”，往往把学员整得云里雾里找不着北。而类似后一种饭的课程，我们称之为“水货”。江湖上的“水货”比比皆是。那种说学逗唱样样不缺，游戏、段子满天飞的课堂，基本属于这种。表面上你好像是在学习，实际上，你是在参加一档以“学习”为名义的综艺节目。听课时候激动，走在路上晃动，回到工作一动不动！不是不想动，是压根忘了该怎么动。所以，培训课程的内容和形式必须相互协同才行。这与行人必须左一脚、右一脚协调一致了才能好好走路是一个道理。

上面所说的目标、内容、形式，可以统称为课程三要素。所有课程都是这三个要素统合综效的结果。开发和讲授一门课，是一个首先精准锁定目标然后通过协同内容和形式去保障目标实现的过程。

参照用户体验模型，我们总结了衡量“好课堂”的一套标准：三易三有三句话。

三易：易教、易学、易用；

三有：有效、有料、有趣；

三句话：以学员为中心，以目标为导向，以体验为载体。

关于好老师，我们则总结了“四得”：上得台，开得口，调得动，控得住。

这本书正是关于如何打造精品课程与卓越讲师的完整解决方案。接下来，让我们即刻开启学习之旅！

第2章

如何聚焦“钻石”课题

中国人一向把“舍得”推崇为东方智慧，提倡“人有不为也，而后可以有为”[①]。西方管理大师德鲁克也曾经说过，管理者首先要决定做正确的事情，其次是如何正确地做事。

为什么“选择”如此重要呢？

有一个耳熟能详的故事，说有个小伙子遍访名师，习得一身钓鱼的绝世功夫，并请能工巧匠为他打造了一副堪比倚天剑、屠龙刀的钓鱼竿，每天坐在马路上的小水洼旁等鱼儿上钩。任路人如何规劝，均不为所动，还很自信地说：“只要功夫深，铁杵磨成针，给我点时间来证明你们都错了！”结果可想而知，小伙子一无所获，空手而归。这个故事告诉我们一个道理：选择不对，努力白费。

① 出自《孟子》的《离娄章句下》。

2.1 锁定高价值区域

开发一门课程面临的第一个任务是选题。只有甄选出拥有“钻石”特质的高价值课题，开发出来的课才会转化为高绩效。那么，怎样的课题才算拥有“钻石”特质呢？

2.1.1 刚需、痛点、高频

《产品经理方法论》的作者乔克・布苏蒂尔对如何做出好产品做了大量深入的研究。后来，有人结合他的理念，总结出了“刚需、痛点、高频”作为好产品的落脚点。这些落脚点同样适用于课程开发的选题。

“刚需”是关于重要度的问题。人的需求非常多元，且永无止境。水、空气、食物要不要？生活伴侣要不要？“食色，性也”，当然要！休闲娱乐，要不要？当然要！但是当鱼与熊掌不可兼得的时候，相信绝大多数人会第一优先选择前者。相比之下，水、空气以及食物显然是人最基础、最重要的需求。对于企业而言，有三个问题一定是BOSS们非常关切的：

① 如何挣钱？（获取客户，赢得市场）

② 如何省钱？（提升效率，控制成本）

③ 如何持续地挣更多钱？（管控风险，可持续发展）

和这些问题有关的，多半属于企业的刚需。

“痛点”和“高频”是关于紧迫度的问题。痛则不通，通则不痛。当理想和现实存在差距，需求没有得到满足，就会产生痛感。而差距越大、发生的次数越频繁、涉及的面越广，痛感就越强烈。

乔克·布苏蒂尔认为，往一个根本不存在的市场里投钱是企业最愚蠢的行为，换句话说，抓着一个“伪需求”拼命做文章是最大的浪费。甄选课题时，也要提防那些似是而非的“伪需求”。

很多企业做完培训需求调研后发现，有两个需求总是被业务部门负责人年复一年地提起，一是“团队执行力欠缺，亟待加强”，二是“团队沟通意识和沟通能力薄弱，必须提升”。这使培训管理者很抓狂，明明已经及时提供相应培训了，为什么就是不见有多大改善呢？

管理者们天然地认为一个策略、一项工作之所以不能落到实处，问题一定出在员工身上。而事实恰恰相反，根本的问题往往不在个体而在组织，不在基层而在高层。以“团队执行力欠缺”为例：

有没有可能是高层战略不清晰或者宣贯不到位，让下面的人像无头苍蝇找不着方向呢？又或者大 BOSS 朝令夕改，导致员工疲于奔命，无所适从呢？

有没有可能组织文化缺乏一种使命必达的精神，少了点华为公司“败则拼死相救，胜则举杯相庆”的狼性呢？

有没有可能组织流程混乱，职责不清，员工一个个骁勇善战，可是作战无序，活脱脱成了伊索寓言里天鹅、大虾、梭鱼拉车的现实版呢？

最后才有可能是员工真的不称职、不胜任。

可见“执行力欠缺”是果，不是因，真正的问题还需要透过现象看本质才能准确界定。因此，“提升执行力”这个需求即使算不上“伪需求”，至少也是含糊的、不准确的需求。

2.1.2 问题导向与任务导向

选题的导向也会影响到课题的含金量。选题有两种截然不同的角度，一种是知识体系导向，另外一种是问题和任务导向。

前些年，通过看书学 PPT 设计制作时，发现大多数书是按软件的“菜单”逐个、逐层展开讲解的。讲完“开始”讲“插入”，讲到“插入”再往下拆分介绍“插入文本框——绘制横排文本框”。而且每讲一个按键，都统一按照“名称——功能——操作”的顺序进行说明。看书的人特别容易千头万绪搅成一团，看得稀里糊涂的。耐着性子熬得住的人，又往往觉得索然无味，因为看了半天，依然不知道自己能干点什么，一点成就感都没有。

最近几年，这种状况得到了显著改善。PPT 制作的相关书籍往往围绕着用软件能完成的任务或者会遇到的典型问题来展开，按照步骤依次展开讲解，涉及某个功能按键的时候才会介绍它在“菜单”的具体位置、具体使用方式。这样一来，读者每学完一部分就能做点成果出来，成就感完全不可同日而语。

这种变化，体现了知识体系导向、问题和任务导向的区别，也说明问题和任务导向越来越占据了教学的主流（见下页图）。

如果在培养“战士”和“博士”之间选择，显而易见绝大多数企业需要的是一大批“战士”，也就是在工作中能撸起袖子下地干活而且挥之即战、战之能胜的人才。以知识体系为导向的模式注重理论性和系统性，更倾向于培养“博士”。以问题和任务为导向的模式注重实用性和针对性，更倾向于培养“战士”。所以，在企业内部开发课程应该以问题和任务为导向，追求“从实践中来、到实践中去”，通过实实在在地提升绩效来体现价值。

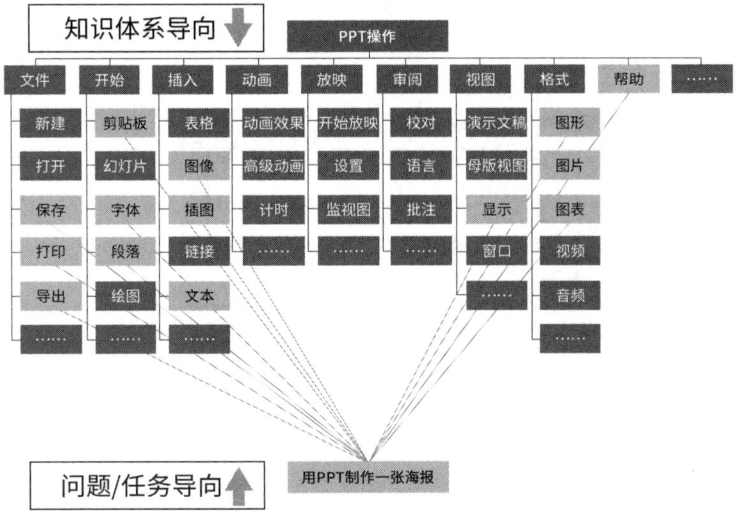

以问题和任务为导向的选题还有一个很大的好处，可以使员工在学习新知识的时候，在目标上专注，在知识上跨界，实现多元整合，从而更灵活地满足未来水样组织[②] 的发展需要。

2.2 精心挑选好课题

2.2.1 问题导向：钻石课题漏斗

我们在大量实践的基础上，总结出了一个钻石课题漏斗。

② 水样组织，是指像水一样可以灵活应对环境变化的动态组织。（陈春花、刘祯《水样组织：一个新的组织概念》）

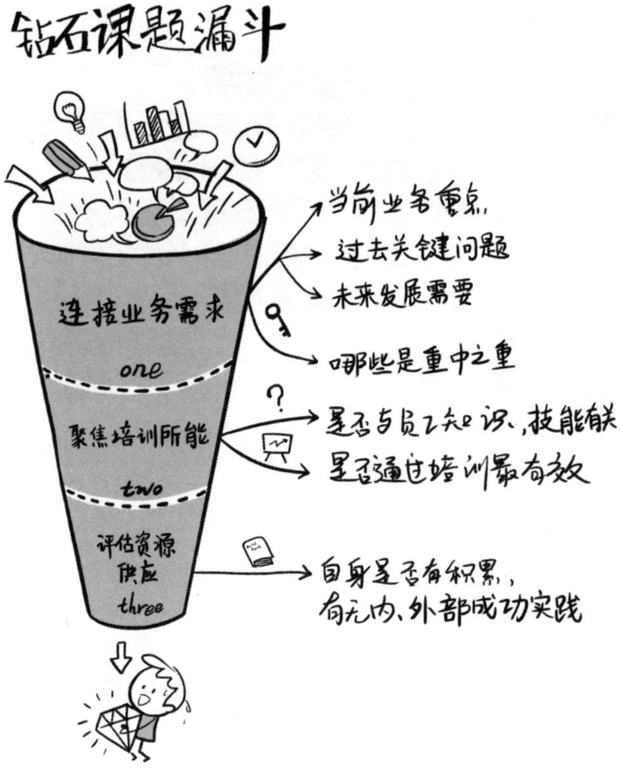

第一步：连接业务需求

在课题漏斗的最上方，是原材料的入口。所有原材料都立足于企业经营管理实际，与业务直接连接。来源主要有三个方面：

（1）当前业务重点

只要弄清楚公司最主要靠什么赚钱、靠什么在激烈的竞争中保持优势，就很容易找到“傍大款”的对象。举几个例子：

A 公司是一家从事芯片研发的高科技企业，产品研发自然是它的重点业务。

B 公司是一家航空航天的电子元器件配套厂，品质管理就格外重要，因为一旦元器件失效，将给国家造成不可估量的损失。

C 公司是国外著名母婴用品的代理商，它的重点业务一定是渠道和零售。

D 公司是重大工程项目的承接单位。工程项目动辄几百万、上千万甚至上亿，复杂度非常高，因此项目管理的能力对于这样的组织必然是核心能力。

当然，有一些企业内部价值链比较完整，从头到尾一条龙一应俱全。根据微笑曲线理论[③]，这种类型的企业，真正的“大款”一般在两头，即研发和营销。

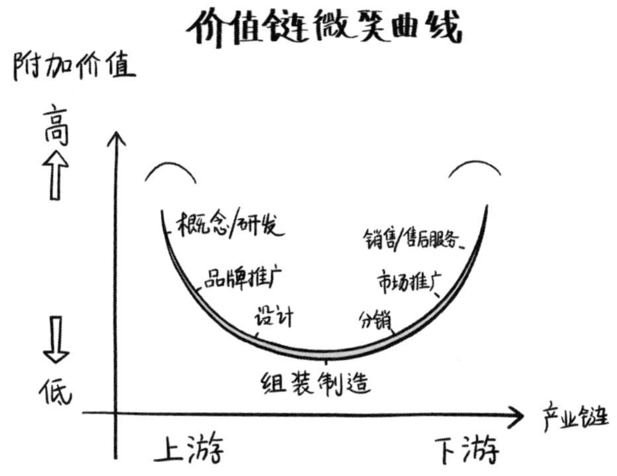

（2）过去关键问题

每家企业的成长总是伴随着不断发现问题和解决问题。有人形容企业的成长历程仿佛一艘前进中漏了水的船，一边需要修补漏洞，同时还要不断努力靠近目标。如果能将组织在过去一个阶段里存在的关键问题提炼出来，形成课题

③ 在附加价值的观念指导下，企业体只有不断往附加价值高的区块移动与定位，才能持续发展与永续经营。在产业链中，附加值更多体现在两端，即设计和销售，处于中间环节的制造附加值最低。（节选自 MBA 智库·百科）

并设计出解决方案，这样的课程自然具有高价值。

（3）未来发展需要

为了应对 VUCA 时代巨大的不确定性，企业会主动或被动地推动变革。在探索新业务、新模式的过程中，对组织能力相应地会产生一些新要求。

有一家户外用品公司，以往他们大多数产品销向国外，2018 年，受到中美贸易战的明显影响，外贸形势发生了翻天覆地的变化。反观国内，户外活动却越来越成为家庭休闲娱乐的新潮流，加之各大电商的推波助澜，整个社会对户外用品的需求飙升。于是这家公司决定从代工生产向自有品牌转型，从外贸出口向国内电商转型。品牌打造、新零售、网店经营管理便因此成了他们未来发展的刚需。

有时候新要求尚不明确，作为一位具有前瞻眼光的企业培训师，仍然可以通过问自己三个问题来厘清未来发展的需要。台湾大学副校长汤明哲先生分享了下面三个问题：

- What is new？有哪些新的、不同的事情正在发生？
- Why？为什么会发生这些变化？背后的推手是谁？
- So what？那么，我们能做点什么？

从“当前业务重点”、“过去关键问题”和“未来发展需要”三个来源去进行发散性思考，会涌现出非常多亟待解决的问题。原来是一身力气不知道该往哪儿使，现在是到处都需要我们使力气。但是，心急吃不了热豆腐。如果浮现出来的问题太多，不妨依据前面提到的“刚需、痛点、高频”先做一轮初筛，把不那么重要或者不紧急的问题先放一放。

一家企业如此，一个团队乃至个人同样可以用类似的思路找出自己的核心价值点，厘清自己需要解决的问题。

第二步：聚焦培训所能

通过连接业务把握了问题所在，并不意味要把所有问题都转化为课题。

微波炉刚刚问世的时候，人们看着配套的微波炉菜谱激动万分，发现它烤鱼、熬粥、蒸蛋羹等功能一应俱全。简直是一机在手，做菜不愁！但几十年过去了，其他炊具并未“退休”，日常频繁使用的微波炉功能就仅限于加热和解冻食材。

与此相似，培训刚开始在国内兴起时，也有不少人把培训当“万金油”到处抹。殊不知，培训并非万能，它最能有效解决的是员工的知识和技能以及部分心态问题。超出了这个范畴，培训收效甚微。就算筛选出了与员工能力有关的问题，也未必都需要开发成课程，还得看看培训是不是解决当前问题最有效的手段。

某工厂近期产品合格率低于标准指标，质量问题频发。有很多原因可能导致这个问题。比如：

- 更换了原材料的供应商，新的原材料质量不过关导致产品不合格；
- 生产用的机台临近报废，设备的稳定性显著下降；
- 公司为了控制成本，削减了奖金总额，很多人抱怨公司克扣员工，消极怠工，得过且过；
- 工厂扩产，新生产线上安排的都是没有经验的新手，操作很不熟练。

前三种状况，属于缺少应有的设备和材料以及员工激励不足，这些问题很难通过培训得到有效解决。只有第四种状况，是培训力所能及的。但在这里，培训虽是有效的方式却未必是最好的方式。直接招募有操作经验的熟手或许是一个更便捷高效的解决方案。通过内部调岗，把合适的人安排在合适的岗位上，让每个人发挥自己的最大效能，行不行？通过在岗训练，由师傅带徒弟一对一辅导，行不行？这些都是需要斟酌的。

总而言之，必须不断做减法，选出培训能高效解决的问题来开发课程。

第三步：评估资源供应

如果一个问题既契合公司业务需求，又和员工的能力有关，而且培训是最有效的解决方式，那么万事俱备只欠东风，只剩最后一项“评估资源供应”。

俗话说“巧妇难为无米之炊”，一个高价值的问题，如果缺乏必要的资源支撑，很难将其开发成课程。也就是说，它具有重要性，但不具有可行性。所以漏斗模型中最后一个筛选条件是：有解决这个问题的成功经验。课程开发者自己胸有成竹最好。如果自己没有，公司内部是否有这方面的专家可以请教？如果公司内部没有，外部有没有可以对标学习的对象？如果答案全都是“NO”，这就属于有问题、没答案的病构④问题。组织相关人员群策群力做一场行动学习研讨，设计出一个方案，先试行，再复盘总结，恐怕比直接开发课程、讲课更有效。

2.2.2 任务导向：从职责到任务

除了问题导向，任务导向也是甄选课题的有效方式。

在传统的金字塔式组织里，会根据业务流程设立若干个不同职能的部门，每个部门由若干个不同职责的岗位构成，每项职责又包含了若干个相互关联的工作任务。大家不妨尝试用《工作任务梳理表》进行任务梳理。以“培训专员”这个岗位为例：

工作任务梳理表

序号	岗位职责	工作任务	子任务
1	拟订培训计划	收集培训需求	设计调研工具（问卷、访谈提纲）
			访谈高层和重要骨干
			发放、收集问卷
			汇总、整理调研数据
		分析培训需求	……
		撰写培训计划	……

④ 由第十届诺贝尔经济学奖得主赫伯特·西蒙首先提出。病构问题通常体现出目标含糊和信息不完整的特点。

续上表

序号	岗位职责	工作任务	子任务
2	实施培训项目	制订培训项目实施案	……
		……	……
		管理培训现场	……
		完成训后工作	评估培训效果
			撰写总结报告
			……
3	办理外派培训手续	甄选供应商	……
		签订合作协议	……
		……	……
4	管理员工培训档案	……	……
		……	……
5	……		……
			……

上面所列的每一项工作任务（或子任务）都可以独立开发成一门课程，再配套一系列有效的训练来帮助员工更快胜任本职工作。

如果每个岗位都按照分解的工作任务形成一份课题清单，就相当于构建出了整个公司的课程体系。只是课题数量一般非常惊人，并非一朝一夕就能一蹴而就。在这种情况下要“聚焦课题”，一方面可以结合问题导向中的三个问题进行评估（当前业务重点、过去关键问题、未来发展需要），另一方面可以紧扣三个“新”进行优先排序，分别是“新员工”、“新经理”和“新岗位”。因为对所有企业而言，新经理和新员工的培养是绕不开的“刚需”。

在新型的网状结构组织中，扁平化和去中心化是两个显著特征，岗位的边界正变得日渐模糊。在一个短视频制作公司里，某个员工很有可能在一个项目中担任项目经理，在另一个项目中却摇身一变成了主播。任务导向的选题模式，将帮助员工从“一个萝卜一个坑”轻松地转变成一专多能的斜杠青年。

2.3 调整课题颗粒度

运用“钻石课题漏斗”和“工作任务梳理表”两个工具，我们转化出一批有钻石特质的好课题。但这些课题常常大小不均。大的大到类似“如何当个好经理”，讲十天半个月都未必能真正理清；小的小到类似“怎样批评下属才有效”，讲不到半小时就全说明白了。

学习这件事跟平常吃饭的道理是一模一样的。减肥或增重都不可能朝夕间完成，少吃多餐，每日坚持，才是健康之道。学习也不能奢望一堂课就修炼成绝世高手，所以“宁小勿贪大，求精不求多”，应该用一系列小而精的课替代一门大而全的课。

企业内部培训课一般以 1 ～ 3 小时的时长为宜。这样的课对开发者而言，开发难度和工作量适中，对学员而言，学习负担不至于太大，对企业而言，又能有效地避免工学矛盾，可以更灵活地组织培训。以“项目管理”这个课题为例，可以采取类似大学基础公共课加专业课相结合的方式进行拆分。

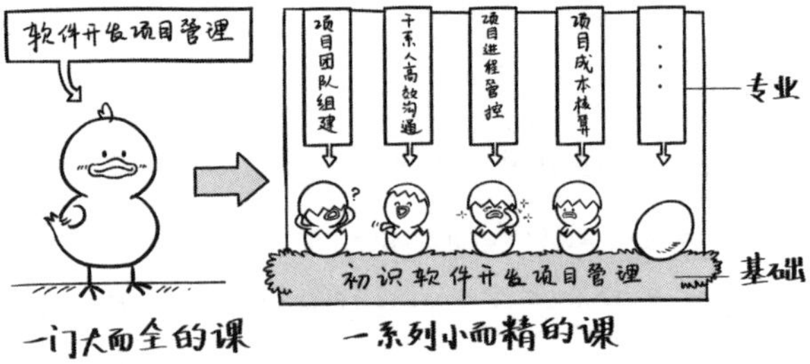

将课题化大为小，有三种常用方式：

- 流程分解法，就是把一个大任务或大问题按照解决它、完成它的步骤拆分成一系列子课题。

- 结构分解法，比如一家全国性的公司，按照区域将东北区、华北区、西北区、华东区……作为子课题分别介绍，那么就称之为结构分解法。
- 要素分解法，以“如何提高终端销售人员的销售能力以及终端店面的业绩”课题为例，这个问题可以从“人、货、场”三个方面进行分析解决。在“人”这个方面，包含“人”的销售技巧、产品知识以及服务意识等，而“销售技巧”往下继续细分，还可以拆解成迎宾、介绍产品、回答顾客异议、收银等。

当然，课题的拆分并非越细越好，过度细碎的拆分会给学员的体系化认知带来挑战。每个课题应该是独立而完整的，同时必须能输出明确的成果。借用电视剧《西游记》来打比方，要做的课题组合应该整体看是一部《西游记》，但拆分成《三打白骨精》《趣经女儿国》《三调芭蕉扇》等，也都是独立、完整的故事。

磨刀不误砍柴工，虽然在选题上费了不少功夫，但你会发现这一切付出都是值得的。因为方向对了，就不怕路遥远，选题对了，就不用担心课程没价值。

试试看

以下这些课程选题哪些合理？哪些需要优化？需要优化的请试着改写。

1. 激励理论概述
2. 如何成为优秀经理人
3. 连带销售的方法
4. 新员工入职培训之公司制度篇

【关注“一起老师”公众号，回复关键字“选题”查看参考答案】

第3章

如何提炼高手“套路”

3.1 高手之所以成为高手

3.1.1 高认知水平 + 大量好“套路”

网络上流行一句话：“城市套路深，我要回农村。”这里的“套路”往往被当作贬义词来理解，而事实上，“套路”可以是一个中性词，甚至可以是褒义词。因为“菜鸟”和高手之间的差距，就来源于高手拥有大量成熟的、可以灵活组合使用的“套路”。

举个例子，迪士尼在 1994 年推出一部励志动画片——《狮子王》，说的是父亲狮子王被坏叔叔刀疤所害身亡，森林小王子辛巴原来幸福的生活一落千丈，顿时灰心失意，后来在好朋友的帮助之下重整旗鼓，成功打败叔叔，成为新一代森林之王的故事。

《狮子王》的故事打动了很多人，大家都觉得这个故事写得特别好，却很少有人去琢磨为什么会写得这么好。这个故事的构思、呈现，有没有哪些地方是可以学习和借鉴的呢？

再来看 2017 年热播的一部电视剧——《我的前半生》。

这部剧的主人公罗子君，在老公陈俊生突然提出离婚之后，从“衣来伸手，饭来张口”的优渥生活中脱离，一下变得无所适从。幸好，在她的闺密唐晶以及贺涵的帮助下，她逐步找到独立生活的勇气，并且不断学习新技能，最终她看透了自己的前半生，重新找回了自己，成了一名职场精英。

留心比较，你会发现相隔二十多年的两部剧，故事的“套路”竟然惊人相似，都是按“幸福生活→遭遇不幸→绝望迷茫→巧遇机缘（贵人）→历尽艰险→砥砺成长→赢得胜利”这个流程编写的剧本。原来这是一个写人物故事的绝好“套路”！

在工作中，你也会发现，精彩的“套路”同样无处不在。

“菜鸟”与高手的差距

任务	“菜鸟”的做法	高手的做法
从一份详细的 Excel 名单里筛选出没有参加过某活动的人员	用肉眼逐个筛选、标注	使用 vlookup() 函数，快速找出没有参加活动的人
处理客人的投诉	只会不停地道歉，在客人施加压力的情况下，变得更加不知所措，甚至很有可能把小问题变成大问题	先致歉并表达自己的关心，然后致力于解决问题，最后赠送一些福利来安抚客人的情绪
编写项目方案	边想边写，边写边排版，做了半天也没做出个像样的东西来	先聚焦目标，接着罗列出框架，再填充上应有的内容，最后进行排版优化，一步一步有条不紊，最终做出一份非常出色的项目方案

通过上面三个例子，一眼可以看出，高手有着非常多好用的“套路”，而“菜鸟”呢？脑袋里一片空白，什么都没有。

高手和『菜鸟』之间还有一个非常巨大的差别，在于认知水平的不同。

有这么一个经典的营销故事，说的是两名卖鞋的业务员到赤道附近的某国考察市场。业务员 A 看到当地人都没穿鞋，就得出了一个结论：这个地方没有人需要鞋子，鞋子在这里压根儿卖不出去。而业务员 B 得出了截然不同的结论：既然没有人穿鞋子，说明市场还非常空白，只要经过我们的引导和宣传，让大家意识到穿鞋子的好处，那不就变成一个全新的市场了吗？

这就是认知水平的不同。

3.1.2 为什么高手很难复制

相比提升认知水平，“套路”看上去似乎容易复制得多，那么多学一些“套路”，是不是就能够快速地成为“武林高手”呢？

实际上，提炼一个好“套路”或者从别人身上复制“套路”并不容易。有两个关键词在总结“套路”、复制“套路”的过程中产生了重要影响，一个是“隐性知识”，还有一个是“零散经验”。

（1）**“隐性知识”**比较晦涩，它指的是很难被格式化的知识，包括主观的理解、直觉和预感，它存在于人的头脑中，难以编码，难以用文字表述，难以转移，甚至很多时候都“只可意会不可言传”。

生活中有大量“隐性知识”的存在。比如，绝大多数的人都会骑自行车。但要是忽然有人问，你是怎么做到骑在车上没有摔倒的？很多人一下就傻眼了，根本不知道从何说起。有人说，只要注意保持平衡就不会摔下来了。这种回答是一句典型的“正确的废话”。请问具体怎么做才能保持平衡呢？还会有人说，我只要坐在座椅上，猛踩脚踏板，手紧握住车把就不会摔下来了。这真是误人子弟！如果照着做，学的人准会摔得鼻青脸肿。又有人说，学自行车哪里有那么多诀窍，摔得多了自然就不摔了。这话说得倒也不假，可是既然找你当老师，不正是希望能少摔几次跤，早点儿学会吗？

“骑自行车如何保持平衡”这么一个看似简单的问题，却很难用语言准确地描述出来，供别人学习，所以“隐性知识”难以被复制及推广。

（2）**“零散经验”**比较好理解，指的是不成体系的个性化经验。

某大宗商品贸易公司曾经有这么一个典型案例。公司销售团队里有一名Top sales（超级销售员），他连续三年稳坐公司销售冠军宝座，而且销售业绩连年增长。

为了能从他身上提炼出宝贵的销售经验，我们调用了他的销售数据，发现排名第一的客户订单量大约是第二名的两倍。我们很希望能挖掘背后的成功之道，就问他这个客户是怎么来的？他顿时红了脸，仿佛做了什么亏心事似的，什么也没有说。

后来，他的一位好朋友透露了实情："没办法，'颜值'也是生产力啊，三年前，这家伙第一次去拜访那家客户，凑巧对方董事长的女儿也在公司，没想到他俩一见钟情，后来结婚成了一家人！你想想，老丈人支持女婿发展事业，这有什么值得大惊小怪的呢？"

这个"零散经验"如此成功，却同"隐性知识"一样难以复制和推广。总不能所有销售人员都向他学习，每到一家客户公司拜访，二话不说就揪着人家高管问："你女儿在吗？结婚了没？"

难道"我的成功可以复制"这句话是骗人的吗？也不尽然。当我们深入探究，不难提炼出背后的门道。

在项目管理中，人们通常把上述例子中"董事长的女儿"称为干系人，也就是 VIP——Very Important Person（非常重要的人），和干系人结婚，可以理解为建立了超越普通商务合作的信任关系。于是，可以得出一个结论：在开展业务的过程中，要善于跟干系人建立超越普通商务合作之外的信任。这个"套路"就完全可以复制，而且依据这一原则，还可以衍生出很多不同的具体做法。

由此可见，有很多方法可以实现"隐性知识显性化，零散经验系统化"，提炼其共性，从更高层面上形成一条可复制的成功之道。我们把这种可复制的成功套路称为"高品质解决方案"。

3.2 解决方案是怎样炼成的

在提供解决方案的方式上，东、西方有着完全不同的风格，东方总体上偏向写意，而西方偏向写实。

西游记里有一个孙悟空拜师学艺的情节：

祖师闻言，咄的一声，跳下高台，手持戒尺，指定悟空道：“你这猢狲，这般不学，那般不学，却待怎么？”走上前，将悟空头上打了三下，倒背着手，走入里面，将中门关了，撇下大众而去。

悟空一点儿也不恼，只是满脸赔笑。原来那猴王，已打破盘中之谜，暗暗在心，所以不与众人竞争，只是忍耐无言。祖师打他三下者，教他三更时分存心，倒背着手，走入里面，将中门关上者，教他从后门进步，秘处传他道也[①]。

此等学艺真可谓“只可意会不可言传”，一切全凭顿悟。

中餐师傅在教徒弟的时候也有类似的情形。师傅一边挥舞着大勺，一边点拨学徒：“其实这道菜蛮简单的，关键在炒菜的过程中要注意火候，调味时放少许蚝油、若干老抽，再加一点点盐巴。”听起来挺简单，可是究竟多少算少许？什么是火候？火候如何注意？全都难以拿捏。

相反，去肯德基、麦当劳当学徒就容易得多了。厚厚的一本《运营手册》，里边把油温要加热到几度、鸡翅没入油中要炸几分钟等环节的操作标准写得一清二楚。

甚至还有一位外国人对“小笼包”动起了心思。他的名字叫克里斯托弗·圣卡维西（Christopher St. Cavish），是一位美食评论家。2015 年，他写了一份《上海小笼包索引》报告，轰动了整个上海滩。

说到好吃的小笼包，很多“吃货”的脑海里会浮现“皮薄、汁多、馅大、肉鲜”四个关键词。可是克里斯托弗觉得不过瘾，怎样的皮儿算薄？多少汁算多？多大的馅儿才算大？什么样的味道才算肉鲜？

为了明晰这些问题，他发挥穷根究底的精神，历时 16 个月，走访上海 52 家小笼包馆子，吃掉 7 公斤多的小笼包……而且他是带着“家伙”去的——

① 节选自《西游记》第二回。

1 台精确到 0.01 克的电子秤、1 把精确到 0.01 毫米的电子测径仪、1 把理发剪刀，每到一家小笼包馆子，都要测量、收集数据：整只小笼包的重量 (g)、汤汁的重量 (g)、馅料的质量 (g)、皮的厚度 (mm)，还设计了一个公式 [(馅料 + 汤汁)/ 皮厚度 ×100]。他对数据进行了计算，并对不同得分的小笼包做出如下分类：

- 得分 12 以上，A 类，优秀
- 得分在 6.75–12 分，B 类，优良
- 其他都属 C 类，即口味一般 / 不予推荐

他将这些研究成果编写成一份《上海小笼包索引》报告，声称是对上海小笼包质量的科学研究，用定量框架替代了上海小笼包的现有定性描述。

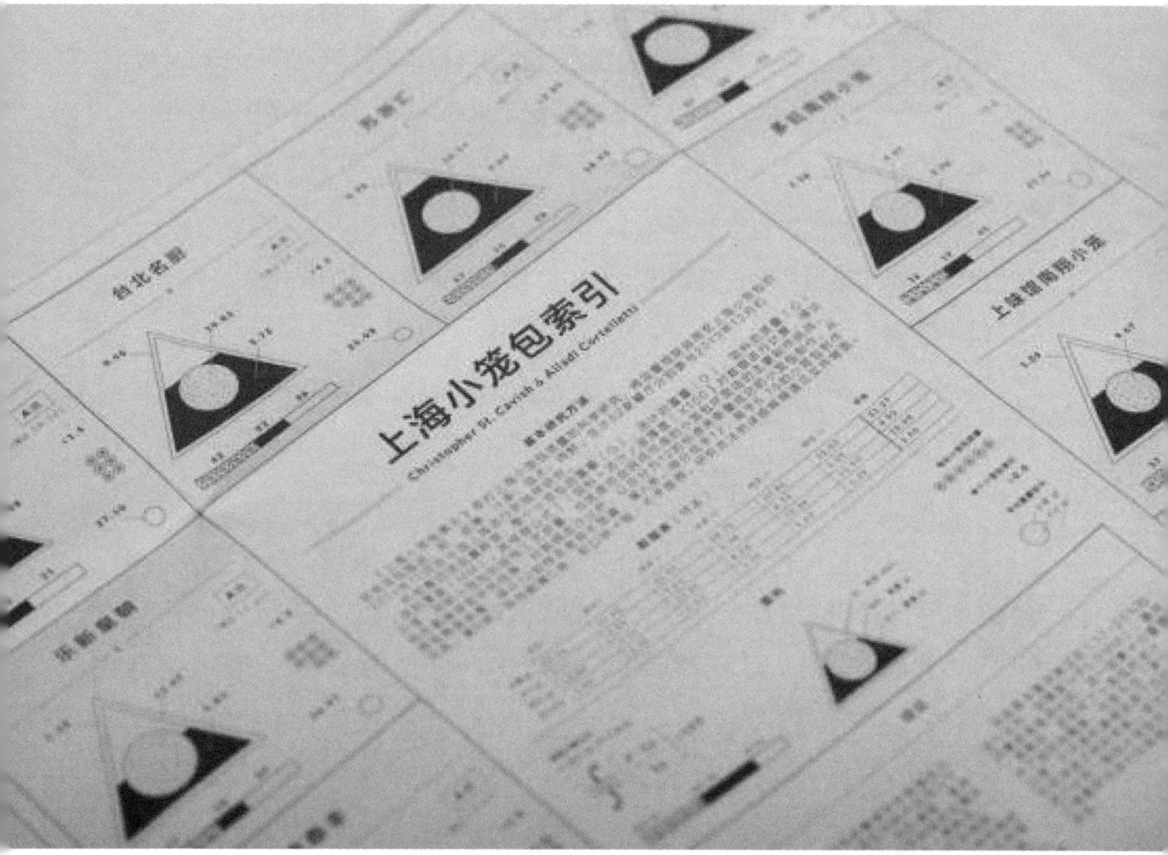

据说在 2017 年，克里斯托弗综合用户的反馈，对自己的研究成果做了一次升级，完善了考核小笼包的 KPI②，推出了《上海小笼包索引 2.0》。

克里斯托弗把四个笼统描述的关键词，成功地转化成了一套可执行的量化标准。他的做法里有没有“套路”可供参考借鉴呢?

野中郁次郎提出的“知识创造 SECI 模型”为我们提供了答案。在这个模型中，知识创造有循序渐进的四个阶段，分别是潜移默化（Socialization）、外部明示（Externalization）、汇总组合（Combination）和内部升华（Internalization）。

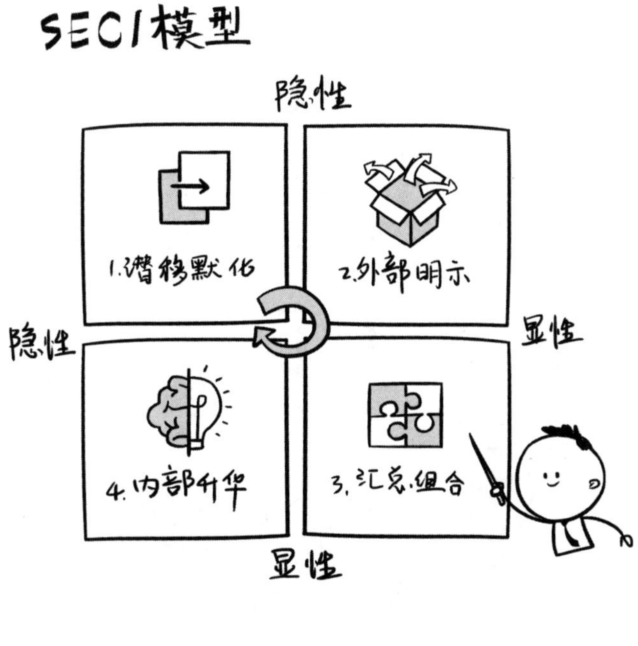

② KPI，Key Performance Indicator 的英文缩写，指“关键绩效指标”，是通过对组织内部流程的输入端、输出端的关键参数进行设置、取样、计算、分析，衡量流程绩效的一种目标式量化管理指标。（MBA 智库·百科）

① 潜移默化：通过观察、模仿和实践获得隐性知识；

② 外部明示：推动隐性知识显性化，并用文字、图片或视频等各种方式表达出来，使其可传播；

③ 汇总组合：整合这些已经显性化的知识，从个性中提炼共性，将零散的变成系统的；

④ 内部升华：通过学习、实践，使知识内化成能力，并努力实现“青出于蓝而胜于蓝”，创造出新的知识。由此进入下一轮循环，不断迭代，螺旋式持续上升。

企友咨询团队借鉴 SECI 模型，并在大量项目实践经验的基础上，总结了一套组织经验萃取的 4D 方法论。

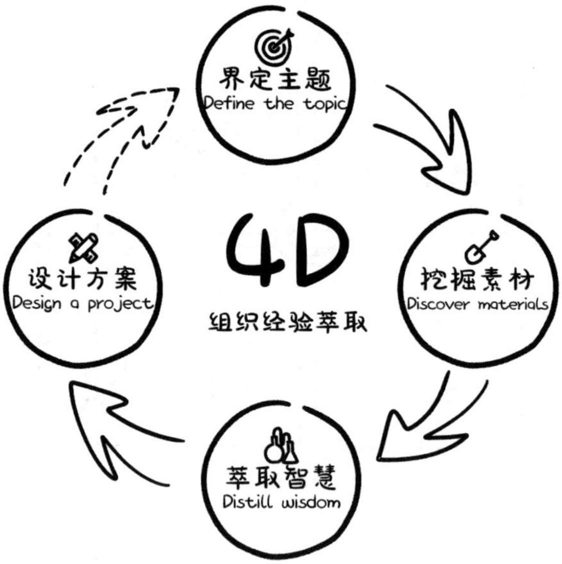

3.2.1　D1：界定主题

主题往往源于真实的工作场景。“场景[③]”这个词语起源于影视业，互联

③ “场景”指在特定的时间、空间内发生的行动或者因人物关系构成的具体画面，是通过人物行动来表现剧情的一个特定过程，它包含了时间、地点、行动、关系等要素。（沈贻伟《影视剧创作》）

网兴起后，“场景”经常被应用在商业模式设计中。后来，“场景”又被应用于企业培训领域，新华报业传媒集团旗下的《培训》杂志在 2017 年 10 月刊中就曾做过“学习无处不场景”的专题讨论，集中反映了国内各企业在“场景化学习”方面的探索。

在“隐性知识显性化，零散经验系统化”的过程中，为什么要先界定场景呢？哥德尔“不完全性定理”中的第一定理告诉我们，任何一个体系能有效运作，一定是内部的逻辑遵循自洽性，而任何一个内部逻辑自洽的体系，一定有自己的边界，出了这个边界，这个逻辑就会立即失效。

比如说起水的沸点，大家一般会说 100℃，也就是到这个温度水才能烧开、沸腾。而在世界之巅的珠穆朗玛峰上烧水，只要不到 80℃，水就被烧“开”了。这是因为山上空气比较稀薄、气压比较低，水的沸点也降低了。这种情况下，“水的沸点是 100℃”就不成立了。所以在总结“套路”之前，要先界定所选主题适用的场景。这个过程中，有四个问题非常关键：

1　for whom，这个“套路”是给谁使用的？适用于哪些人群？

2　for what，这个“套路”用来解决什么问题？哪些问题使用这个“套路”有效，而哪些问题是它解决不了的？

3　input，也就是输入条件是什么？必须具备哪些前提条件，“套路”才能有效地运行？

4　output，也就是输出什么成果，以及衡量成果的标准是什么？如何衡量一个问题有没有得到真正的解决，或者说有哪些标志可以表明问题已经得到了有效地解决？

只有把这四个问题理清楚了，才算真正界定好了“场景”。当然，“场景”一定是围绕着选题展开的，选题本身就是一个大的“场景”，而这个大的“场景”可以由若干个既有关联又各自不同的小“场景”共同构成。

3.2.2 D2：挖掘素材

关于实践的重要性，已有很多精妙的论断，比如“纸上得来终觉浅，绝知此事要躬行”，又比如“实践是检验真理的唯一标准”。为了设计出一个行之有效的高品质解决方案，必须回归界定场景的第一现场，去挖掘正、反案例作为素材。

这些案例既可以直接来自企业培训师的亲身实践，也可以间接来自组织内的其他员工。通过回忆自身经历或访谈他人，获取第一手资料后，推荐使用“STAR+ 案例搜集模板”将案例整理成书面材料。

做过招聘工作的人都了解 STAR 结构化面试法。

S Situation，背景。事件的背景以及发生时的情境。

T Task，任务。预期要达成的目的、目标。

A Action，行动。整个过程，当事人采取了哪些具体行动。

R Result，结果。事件的最终结果。

STAR 结构化面试法具有其明显的优势，通过结构化的发问，一步步将应聘者的陈述引向深入，还原其真实经历，挖掘出潜在的信息，为企业选人决策提供正确和全面的参考。它同样适用于整理我们挖掘的案例素材。

追加的“+”，代表的是反思。用来记录当事人和相关方对这一事件的看法和思考，包括从中得到的启发。

STAR+ 案例搜集模板

Situation(背景) ● 涉及的人员 ● 事件发生的背景	A 城 5 月初的一天中午，天气炎热。某知名服装品牌城市广场店的导购于欣注意到店里走进一位三十岁左右、皮肤白皙、身着蓝色运动套装的女士，悠闲地在店内走走看看。 涉及人员：于欣（导购员）、女士（顾客）
Task(任务) ● 任务 / 目的 / 目标	导购任务：向客户推介，尽可能多地销售产品

续上表

Action(行动) ● 事件的主要经过 ● 采取的具体行动	于欣快速地观察这位女士的身型和穿衣风格，同时面带微笑地迎上前去：“女士您好！欢迎您光临本店！您的眼光真好，看的这些都是我们这一季的新品，刚上市不久呢！您是为自己选购还是打算送人呢？” 女士淡淡地答道：“我就随便看看。” 于欣见这位女士身材苗条，可能平时有健身的习惯，刚刚又多是看的修身款，于是就近选了一件合适的新品上衣，对女士说：“我看您平时也穿运动服，蛮喜欢运动的，对吧？正好我们这一季的新品采用的是最新的高科技面料，这么热的天气穿上之后冰凉又舒爽，还特别吸汗透气，非常适合这个季节或者运动的时候穿着呢！您摸摸看！” 于欣见这位女士表现出感兴趣的样子，趁热打铁道：“而且这款还是立体剪裁，特别修身显身材，上身效果超级好的！” 女士摸了摸衣服，打量了一阵，没说话。 于欣拿着衣服比着，继续说：“衣服光看是看不出效果的，这是这季最经典的颜色和款式，特别衬您的肤色和气质，您可以先试穿感受一下，我保证这件衣服您上身后效果一定非常好！看您身材这么苗条，这件S码您试试。”边说边把衣服从衣架上取下来，趁女士还在用手感受的时候，顺势把衣服搭在了女士手上，并将女士引导向试衣间的位置：“试衣这边请哦”。 女士走向试衣间的过程中，于欣迅速取了配套的裤子，并把裤头松开，在试衣间门口一并递给了女士，说：“女士，这是配套的裤子，整套穿搭起来看，可以更好地感受衣服的效果呢。有需要您随时叫我，我就在门口。” 女士换衣过程中，于欣又迅速拿了一套休闲风格套装，拉开拉链、松好裤腰，随时准备给她递进去。 等女士出来，于欣快速地看了一眼，由衷地赞叹道：“哇，您穿这身太好看了，快照下全身镜，这件衣服把您的好身材和好皮肤都衬托出来了！”说着上前帮女士稍微调整了下衣领和下摆，“这个面料穿起来感觉怎么样？是不是特别凉爽？” 观察到女士满意的表情，于欣笑着说：“这套衣服很少有人能穿得这么好看，简直是为您量身定做的……刚好店里有新品优惠活动，买三减一，特别划算！这两件我先给您包起来？”张女士点了点头，“好的，那我们还可以再选一件哦，您刚刚试的是运动风的，建议您尝试不同风格，这套休闲风的款式很时尚，平时出去玩、逛街都可以穿呢！您试看看？” 女士看样式也还不错，就拿着进了试衣间……
Result(结果) ● 事件结果及各相关方的评价	就这样，最后这位原本“随便看看”的女士，买了一套运动装、一套休闲装，还很满意地对于欣说：“你的眼光不错，推荐的衣服挺适合我的，下次还来找你。”
+ ● 反思/心得	1. 注意观察顾客体型和性格，以恰当的方式与其沟通，推荐适合的产品。比如觉察到顾客可能有健身习惯，因此向其推荐运动风的衣服 2. 鼓励顾客整套试穿，提前解开所试裤子腰际绑带以方便顾客试穿 3. 多利用促销政策等争取当场成交并促进连带销售
附录	无

最后的"附录"，是用来登记过程中获得的与此事件有关的各种文档材料，以备下一步"萃取智慧"时需要。建议在挖掘案例素材时，搜集的文档资料包括且不限于与事件相关的制度规范、SOP、过程 / 结果数据、视频、图片、录音等。

在还原事件的过程中，有三个"坑"要特别小心：

（1）以偏概全

盲人摸象的故事听起来有些搞笑，但相似的情况在现实生活中比比皆是，最典型的是断章取义。比如，我们常常用"闭门造车"形容别人不调研、不分析，只管埋头干活；用"相濡以沫"形容爱侣之间感情和睦；用"学而无涯"形容一个人应该勤奋学习；用"父母在，不远游"提醒儿女少出远门，多留在家里陪伴父母。可是原意并非完全如此，完整的原文是：

- 闭门造车，出则合辙。——按照统一规格，即使关起门来制造车辆，使用起来也能和路上的车辙完全相合。
- 相濡以沫，不如相忘于江湖。——泉水干了，鱼吐沫互相润湿，何不各自到大江大湖里去更自由。
- 吾生而有涯，学而无涯，以有涯对无涯，殆矣。——人生是有限的，但知识是无限的，用有限的人生追求无限的知识，是必然失败的。
- 父母在，不远游，游必有方。——父母在世，不出远门，如果要出远门，必须告知自己所去的地方。

所以在还原事件时，常常需要大家跳出画外看画，将几个相关联的案例当作一个整体来分析，或者将一个具体事件放在更大的背景环境中来考量，洞察其前因后果。

（2）角度单一

同样的事物，从不同角度看，可以得到截然不同的信息和判断。就如左图的两个人，面对面看着同一个数字，一个说是 6，另一个却很坚决地认为那是 9。

在还原事件过程中，尽量能够对主要当事人都做一次访谈，了解不同立场的人对事件的看法有何差异，并借由这个过程使事件的呈现更加立体和真实。特别值得注意的是，哪怕是自己亲身经历的事件，也不能完全相信所见所闻，因为每个人都有自己的立场和角度，很难完全避免偏见。与此相通，在访谈别人的案例时，我们也要防范自己先入为主，避免以自己的价值观来理解他人的话语或者以个人偏好选择性接收信息，导致歪曲了他人的原意。

（3）笼统不清

管理培训领域，曾经有一句很流行的话“细节决定成败”。这句话未必总是正确，但不可否认的是，关键细节确实会影响事件的发展变化，蕴含了很多微妙之处。错失了关键细节的案例素材，将影响到智慧萃取的质量，甚至偏离方向。

如何防止关键细节丢失呢？在征得访谈对象同意的前提下，不妨尝试全程录音。或者参照以下两个方法。

方法一：5W2H 法

5W2H 法和 STAR 相结合，有助于挖掘出更多有价值的细节。

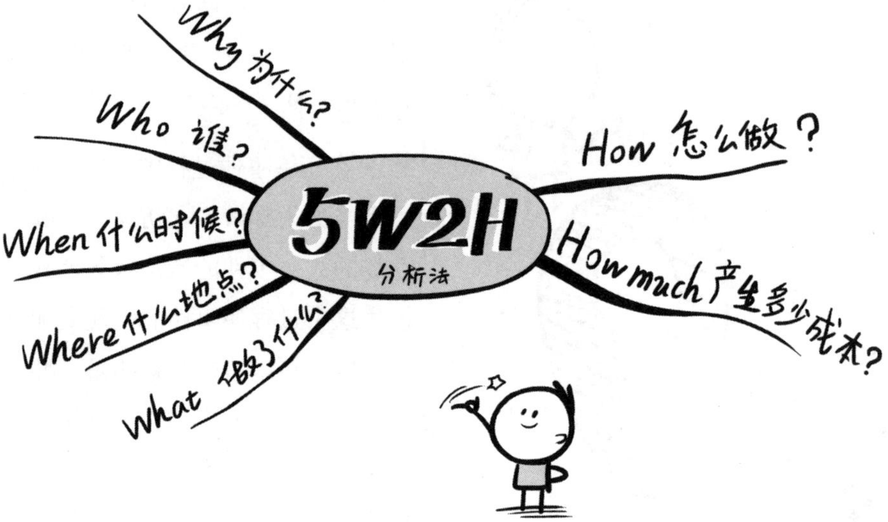

方法二：分段 STAR 法

一些大型案例，牵涉人物众多，时间周期也比较长。这时，需要依据关键节点将大事件拆分成若干个小事件，先用 STAR 结构还原各个小事件，再将这些小事件按照顺序拼接成全景图。

当然，我们如果希望更关注关键细节，侧重从难点和挑战点中深挖经验，甚至可以将 T 改成 Complication 冲突，用 SCAR 结构来整理素材。

3.2.3 D3：萃取智慧

1. 大卫·库伯的经验学习圈

大卫·库伯提出的“经验学习圈”模型讲述了人们如何从经验中进行深度学习，它和野中郁次郎的 SECI 模型有着异曲同工之妙。

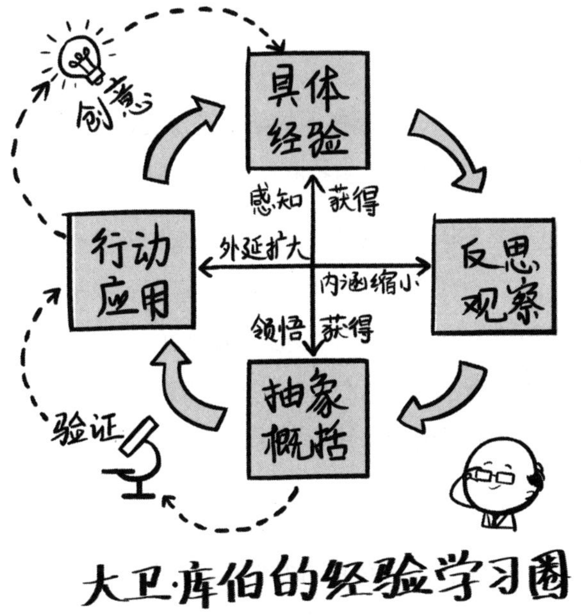

人们通过感知和体验，获得具体经验，这些具体经验经过反思和观察之后，再进行抽象概括，就会形成一整套的方法。将这一整套的方法付诸实践，一方面可以验证方法的可行性，另一方面通过创新又可以获得新的具体经验。如此循环往复，就可以不断提升人们的认知水平。

这个模型告诉我们，要从经验中学习，萃取出智慧结晶，离不开“反思观察”和“抽象概括”这两个关键环节。

萃取智慧的过程仿佛在挖矿，有三个典型问题比较常见：

（1）挖浅了

对具体案例进行总结反思时浮于表面、无法落地，没有做到具体可执行的程度，就像前文说到的中餐师傅教徒弟炒菜，说了很多正确的废话，但并不能真正意义上帮助学员缩短“从知道到做到”的距离。再比如，指导销售人员要根据不同的性格类型对客户区别对待，这样才能更有效地开展营销工作。这句话对不对？对！有没有用？没用！因为没有具体可执行的做法，无法落地。

（2）挖偏了

挖偏了有两种情况。

第一种情况是以偏概全，只要任务的结果是对的，就推断完成任务的整个过程都是正确的；如果结果不对，就推断整个过程都是错的。

第二种情况是不当归因。据说有一名“科学家”曾发布一个重要结论：经过他的实验证明，螃蟹的耳朵长在腿上。怎么回事呢？原来做实验的时候，第一次他把螃蟹放在桌子上，朝螃蟹猛地吼一声，螃蟹吓得赶紧跑开了。第二次做实验，他把螃蟹的腿全都剪了，任他吼得再大声，螃蟹也一动不动。两次实验结果一比较，他激动地宣称“螃蟹的耳朵长在腿上”。这无疑是荒谬的。

（3）挖少了

在一个最佳实践的案例中，可总结提炼的智慧很多，但只挖出了其中的一点点，相当于十颗钻石只挖出了一颗小的，这就是对资源的巨大浪费。

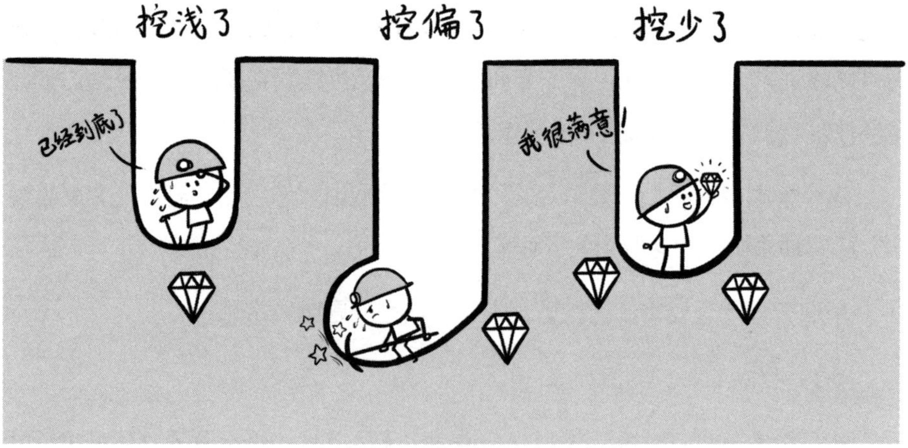

挖浅了、挖偏了、挖少了，是在智慧萃取的过程中经常出现的三个问题。要提炼出一个完整的“套路”，或者说萃取出一个完整的解决方案，应该向我们的老祖宗学习。

老子在《道德经》中提到过“道、法、术、器”，我们将它迁移到课程开发工作中来，同样适用。

“道”	“法”	“术”	“器”
指的是原则、理念和价值观	指的是底层逻辑和思维框架	指的是技巧、诀窍等	更多指的是工具

一套完整的方法论，应该涵盖“道、法、术、器”四个层面。如果只有“道”，没有“术”和“器”的支撑，它就空有高度，不接地气，难以执行。相反，如果只有“术”和“器”，却缺乏“法”，更没有“道”的指引，那么使用这套解决方案的人，将很难理解其背后的原理，一旦某些情况发生变化，难以做到触类旁通、举一反三。

如何从一个个具体的个性案例中提炼出共性的智慧，使它能够包含“道、法、术、器”四个层面呢？

先别急，在提炼道、法、术、器之前，我们应该先把案例素材中的关键信息给挖出来。

2. 浮现关键信息

从案例素材中找出关键信息有很多方法，比如：

（1）对比分析法

对比法对浮现关键信息作用显著。科学实验中经常设定对照组，就是这个原因。对比的方式有很多，有横向对比，从同类中找出共性，或者从正反两个不同的个例中找出差异，就像麦克利兰总结胜任力模型④一样。

还有纵向对比。它有两种主要方式，一种是环比，比如这个月相比上个月的变化，另一种是同比，比如这个月跟去年同期相比的变化。PPT 教学中经常用 before（修改前）和 after（修改后）进行纵向对比来强化关键信息。

（2）关联分析法

即观察一个因素和另外一个因素之间究竟存在怎样的关联性，是正相关还是负相关，是强相关还是弱相关，甚至有没有可能是无相关。注意千万要避免前文所说的“螃蟹的耳朵长在腿上”这样不当的分析。

（3）分层分析法

影响一件事情的因素，有时候非常隐蔽或非常复杂，并非单独一个因素就能对结果产生全部的影响。如果不将其区分开来就难以得出变化的规律，这时候就可以用分层分析法，把性质相同的因素归纳在一起，以便进行比较分析。分层可根据实际情况按多种方式进行，例如按不同时间分层、按使用条件分层、按物品种类分层等。

同时，在实际工作中，还有很多成熟的工具可以帮助我们更好地分析原因、透过现象看本质，比如：

（1）鱼骨图法

顾名思义像鱼的骨架。在“鱼头”处标明要解决的问题或后果，在“鱼刺”上按出现机会的多寡，列出产生问题的可能原因，有助于说明原因之间如何相互影响。

它是由日本管理大师石川馨先生发明的，故又名石川图。同时，它还是一种发现问题“根本原因”的方法，因此也可以称之为“因果图”。其特点是简捷实用、深入直观。

比如，以分析办公室某种花为什么总是养不活为例：

④ 麦克利兰（McClelland）提倡从第一手材料入手，直接发掘那些能真正影响工作业绩的个人条件和行为特征，并将这些个人条件和行为特征称为 Competency（胜任素质）。（节选自 MBA 智库•百科）

A. 确认要解决的问题“某种花为什么养不活”，把问题写在“鱼头”上，并画出主骨（“脊椎骨”）；

B. 尽可能多地列出导致问题出现的原因维度（大要因），从“鱼头”向“鱼尾”写在大骨上（在主骨上画出大骨，每根大骨标注一个大要因）。描述大要因时，注意使用不带判断、属于同一类型级别的中性词，如本例中的土壤、水、空气、光照、温度等；

C. 类似的方式在每根大骨上画出中骨，填写导致该大要因的中要因。中要因用词一般使用价值判断，比如“水”这个大要因分类下，可能的中要因有太湿或太干、水质不符合花的需求等；

D. 同样，在每根中骨上画出导致中要因的小要因。小要因用词也须使用价值判断，比如导致中要因“太干或太湿”可能的小要因有浇水频率不足或过高、浇水没有浇透或过量积水等；

E. 如还未找到根本原因，可继续分解，直至将小要因分析到无法再分解，可以产生直接对策的程度；

F. 对照事实逐个分析，总结出正确的原因或问题。

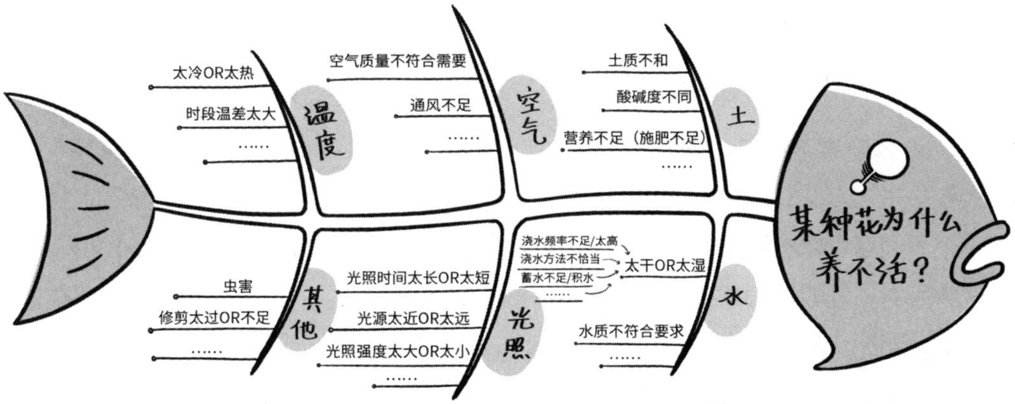

（2）5WHY 分析法

它是由丰田自动织机的创立者丰田佐吉最早提出的，又称“五问法”，顾名思义，就是对一个问题连续问五个“为什么”，以找到根本原因。当然实际使用时不限定问五次，可多可少，总之要问到根本原因为止，颇有“打破砂锅问到底”的意味。它的关键在于从结果着手、沿着因果关系链条“顺藤摸瓜”，直至找出初始问题的根本原因。

丰田汽车公司前副社长大野耐一曾运用“5WHY 法”找出机器停机的真正原因：

Q1（第 1 个 why）：为什么机器停了	A1：因为机器超载，保险丝烧断了
Q2（第 2 个 why）：为什么机器会超载	A2：因为轴承的润滑不足
Q3（第 3 个 why）：为什么轴承会润滑不足	A3：因为润滑泵失灵了
Q4（第 4 个 why）：为什么润滑泵会失灵	A4：因为它的轮轴耗损了
Q5（第 5 个 why）：为什么润滑泵的轮轴会耗损	A5：因为杂质跑到里面去了

就是这样经过连续 5 次问“为什么”，才找到问题的真正原因，由此找到解决的方法：在润滑泵上加装滤网。如果没有这样追根究底，很可能只是换根保险丝，解决不了真正的问题。

（3）问题树分析法

又称为逻辑树、演绎树，顾名思义是一种以树形结构系统分析问题及其相互关系的方法：以一个已知问题为“树干”，列出所有子问题为“树枝”，每个子问题可以有更小的“树枝”，以此类推，从最高层开始，逐步向下扩展，将所有子问题分层罗列，找出问题的所有关联项目。这有助于理清思路、避免重复和无关的思考。

比如，分析某员工为什么没能按约定及时提交方案：

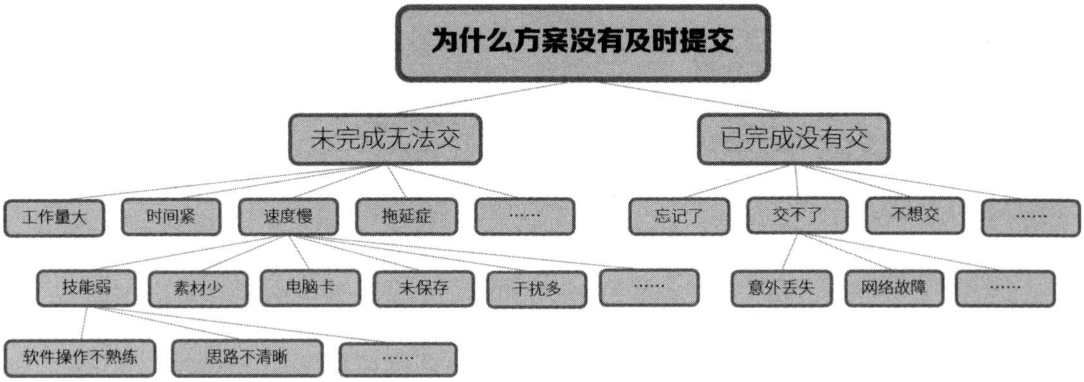

在一堆个性化案例提供的纷繁复杂的信息中，透过现象看本质，去粗存精，去伪存真，透析出“真知”，是形成高品质解决方案的关键一环。对此感兴趣的读者朋友，推荐阅读彼得·圣吉的经典著作《第五项修炼》，以不断提升系统思考能力，加强自己的洞察力。

其他一些常用工具，如：

常用工具表

工具名称	主要用途
8D	解决各类简单或复杂的问题，比如顾客投诉、产品重大不良等
散布图	发现、显示和确认两组相关数据的相关程度，确定其预期关系
关联图	找出因素之间的因果关系，以统观全局、分析及拟定问题解决方案
杜邦分析法	使财务比率分析层次更清晰、条理更突出，以全面深入了解企业的经营和盈利状况

3. 用《经验萃取表》整合解决方案

运用上述这些工具，透过现象看本质，将很多关键信息浮现出来。接着，就该用《经验萃取表》来整合、承载这些智慧结晶了。

经验萃取表

问题 / 任务				
输入			输出	
原则 / 理念 / 价值观				
基本点	关键点		问题点	变化点
主要步骤	操作要领	要领理由	常见问题	异常处理
● 包含的环节 ● 环节的顺序	● 成败关键 ● 安全警示 ● 效能窍门	● 这么做的理由 ● 不这么做的危害	● 新手常出现的错误	● 例外处置 ● 出错补救措施
配套工具				
备注				

（1）原则 / 理念 / 价值观

原则 / 理念 / 价值观也就是我们前文所说的“道”。“道”通常源于四个方面：

① 所选主题。比如主题是“接待礼仪”，自然少不了类似“以客为尊”这样的原则；

② 企业文化。比如提起海尔，大家可能会联想到的一个重要做事原则是“日事日毕，日清日高”；

③ 行业特性。不同行业会有不同的做事理念。比如制造业企业往往比较重视精准、重视成本控制，而服务业企业则比较重视创造超越客户期望的满意度。

④ 时代趋势。在移动互联的时代，大家比较推崇敏捷开发、快速迭代的理念。因为如果不是小步快跑，而是十年磨一剑，好不容易等你折腾出个产品来，很可能时过境迁，早就连黄花菜都凉了。

我们应当回归到实践中，提炼出主题背后所必须遵从的原则、理念和价值观，并且用朗朗上口的话表述出来，才能真正统一学员们的思想，有效指导他们开展日常工作。

（2）主要步骤

主要步骤指的是完成一项工作任务或者解决一个问题所需经历的关键环节，我们也把它称之为“基本点”。主要步骤要尽量写得简洁易懂并且用动宾结构描述。

主要步骤串在一起，排出先后次序，也就形成了我们常说的作业流程。“法”除了这种基于顺序型底层逻辑构建的流程框架，还有并列型、交叉型、递进型等其他几种思维框架。如果我们通过建模，将这些思维框架提炼升华为理论模型，它将成为我们工作中的有力工具。关于理论模型，我们在“器”的部分再详细展开分享。

（3）操作要领

操作要领主要包括三个方面：

① 成败关键

影响该环节能否顺利完成的关键因素。比如在“焊接”这个环节，焊枪和触点接触的时间如果太短，会导致虚焊；如果太长，又会烧坏主板和电子元器件。焊接的时长标准就成了“焊接”成败的关键。

② 安全警示

安全无小事，凡是涉及人身安全和财产安全的要点都需要专门进行总结、强调。从人身安全的角度，又可以细分为不要伤害自己、不要伤害他人以及不要被他人伤害。

在物业管理行业，高空作业是一项风险系数比较高的工作任务。在高空作业过程中，有三个涉及安全的操作规范：

第一 必须佩戴安全护具，如安全帽、反光背心等

第二 必须两人配合作业，一个人登高，另一个人扶住梯子做辅助工作

第三 必须在作业周边设置警示牌或安全栅栏，防止车辆或者行人误闯作业区域

这些都应该列入安全警示的范畴。

③ 效能窍门

指的是能够更快、更好、更省地解决问题的窍门。举一个生活中的例子，下过厨房的人大都有剥蒜头的经历。最普通的办法是用指甲抠蒜皮，效率特别低，手还容易沾上浓烈的蒜味。稍好些的方法是把蒜头放在砧板上，用菜刀先压一下，蒜皮裂开了就自然脱落了。某视频 APP 上展示了一个更厉害的方法，把所有蒜瓣放到一个塑料袋里，然后抡着袋子在砧板上敲打，不一会儿所有的蒜头都顺利地脱下了“外衣”。这个成功经验如果总结出来，我们便把它称之为“效能窍门”。

以上三个方面共同构成了“操作要领”。通常情况下，操作要领应该努力做到量化和标准化，多使用正面的表述方式，而不使用否定式表达。

（4）要领理由

知其然，还要知其所以然。我们需要说明之所以这么做的原因，或者如果不这么做将会带来哪些危害。

讲清楚要领的理由，对成人学习尤其重要。因为成人学习模式和小孩是完全不同的。一个两岁的孩子可以凭照相式记忆非常轻松地识别超过 20 个车标，

可当他长大之后，在没有刻意训练的情况下，很难继续拥有这样的能力。因为随着年龄的增长，照相式记忆的能力会不断衰退，更多情况下需要先理解再记忆。而且“知其所以然”有助于学员遇到新问题能够举一反三、触类旁通。

“要领理由”以及刚刚说的“操作要领”，我们合并起来称作“关键点”。

（5）常见问题

新手常犯的错误、经常掉进去的坑，我们称之为“问题点”。

（6）异常处理

异常处理也称为“变化点”，它包含例外情况的处置，或者出错之后的补救措施。举一个例子，在高端西餐厅里，通常要求服务人员在宾客光临时鞠躬微笑问好，并将宾客引导到客人相对集中、便于服务的区域就坐。但如果是一对夫妇带着一个 4 岁左右的孩子就餐，这时需要按“例外情况”处理。服务员应该先蹲下来跟孩子打招呼。因为孩子开心了，父母的满意度就高了。同时，考虑小孩比较活泼、好动，可以将他们带到空间比较大且相对独立的位置，避免孩子造成危险或者影响其他顾客的消费体验。

关键点、问题点、变化点这三个点合并起来共同属于“术”的范畴。

（7）配套工具

配套工具也就是“道、法、术、器”中的“器”，可以用来配套的工具有很多。其中七种最为常用，分别是理论模型、心法口诀、评审标准、范本模板、操作指南、环境提醒、软件系统。

① 理论模型

理论模型是一种从解决方案中抽象出来的思维框架，非常简洁凝练，容易彰显高度。如何提炼模型呢？以下五种建模方法涵盖了大部分的常见模型。

方法一：顺序型

科举考试的八股文要求按照“起承转合”的结构来写，于是“起承转合”

就成了写作八股文的标准步骤，可以把它提炼成一个顺序型模型。再比如，“SPIN 法则”中的“SPIN”分别指的是 Situation 现状问题、Problem 难点问题、Implication 内涵问题、Need-pay off 价值问题，这是大客户销售的一套科学流程。依此类推，凡是按照操作的步骤和流程进行提炼的模型，都称之为顺序型模型。

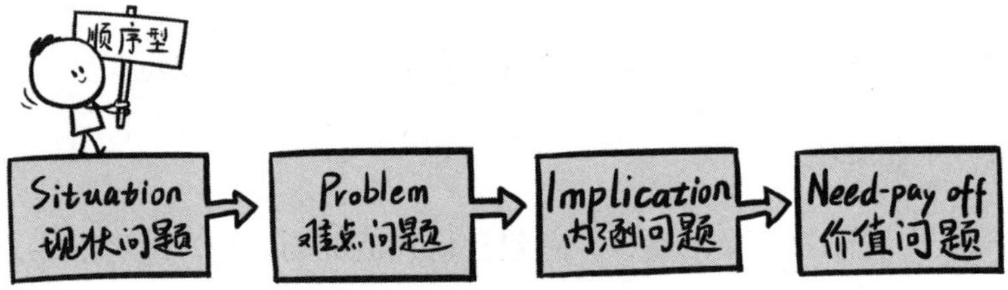

SPIN法则

方法二：并列型

并列型是把完成一项任务或解决一个问题过程中的关键要素提炼形成一个模型，这些关键要素之间并无绝对的先后顺序和轻重之别。最典型的是中医四诊疗法——望、闻、问、切。再比如制定目标的 SMART 原则。

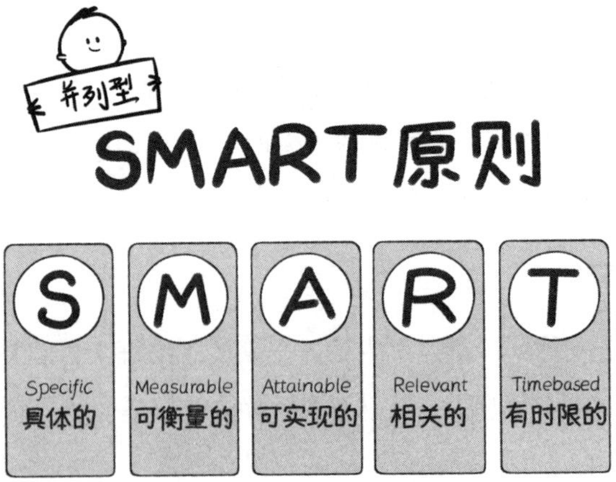

制定目标的SMART原则

方法三：递进型

递进型和顺序型并不相同，前者主要体现内在逻辑的层层渐进，后者则需要依据时间先后或流程步骤。递进型模型比较常见的是马斯洛需求层次理论。它把人的需求分成五个不同的层次，分别是生理需求、安全需求、情感需求、尊重需求以及自我实现需求，这五个需求像阶梯一样由低到高，逐级上升，构成了一个递进型模型。

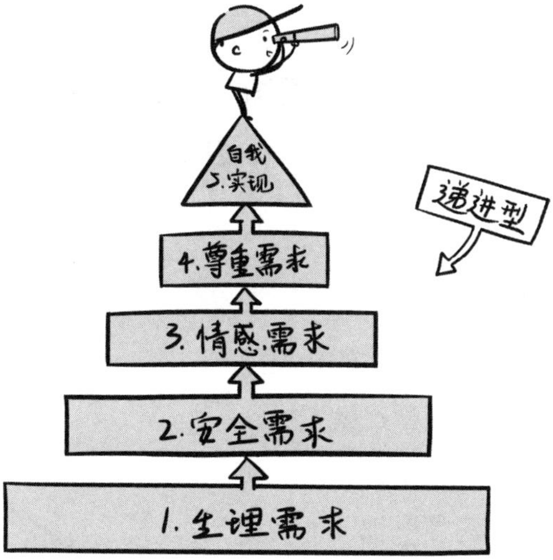

马斯洛需求理论模型

方法四：交叉型

交叉型建模，也称为矩阵型建模，即选择两个维度作为 x 轴和 y 轴，根据这两个维度，分成四个象限或者九宫格。常见的交叉型模型比如波士顿矩阵（BCG Matrix），根据“销售增长率”和“市场占有率”两个要素，把产品分成明星产品（stars）、现金牛产品（cash cows）、问题产品（question marks）及瘦狗产品（dogs）四种类型。又比如 DISC 模型，根据人的理性和感性、内向和外向，把人分成稳健型、影响型、支配型、谨慎型四种类型。

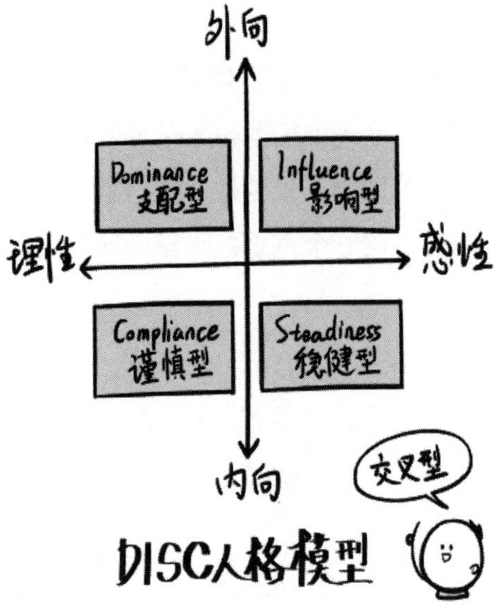

方法五：其他型

还有一些不容易简单归类的建模方式，统称为其他型。其他型建模方式大多由前面四种方法复合使用得来。比如“高效能人士的7个习惯”把“主动积极”“以终为始”“要事第一”三个习惯称为“个人领域的成功”，将“双赢思维”“知彼解己”“统合综效”三个习惯称为“公众领域的成功”，由这两个方面实现一个人从依赖期→独立期→互赖期的渐变过程，最后由第七个习惯“不断更新”推动螺旋式上升。这个模型中，前三个习惯和后三个习惯分别是并列关系，但依赖→独立→互赖又是递进关系。

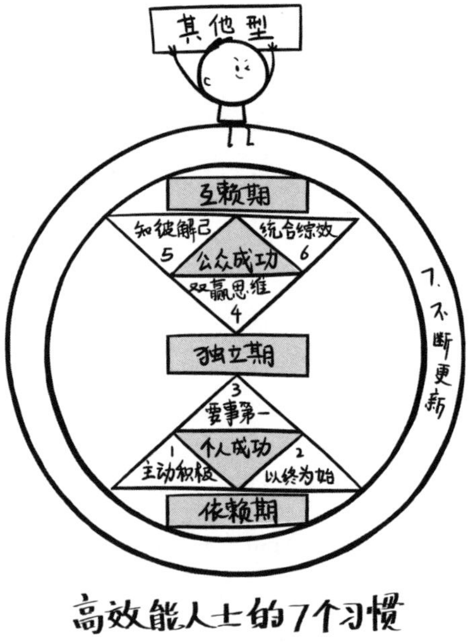

以上是最常见的五种建模方法，如果能娴熟应用这些方法，将显著提高解决方案的含金量。

举个例子，如何概括符合公司要求的优秀员工的特质呢？有一家知名公司把这些特质进行整理提炼之后，做出了一个其他型模型，命名为“164 模型”，“1”是以德为本，“6”是六项素质，“4”是四项核心能力。现在，这个模型已经在这家公司全面推广，人人皆知。

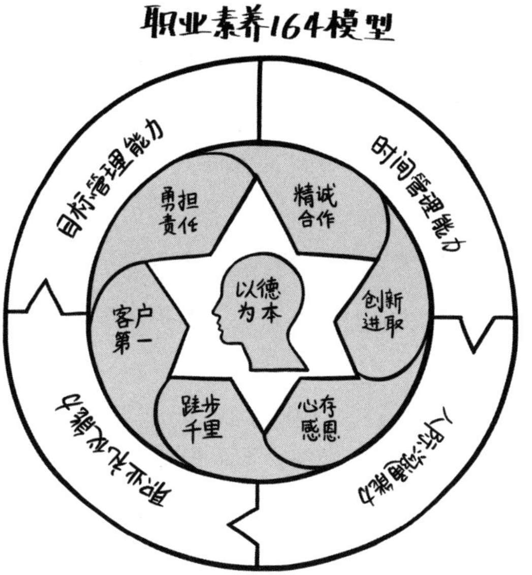

其实大量解决方案的背后已经有了经典理论和模型的支撑，并不需要凡事都自建一个新的模型，完全可以用国际标准来结合本地、本行业、本企业的特色。

比如某著名手机公司曾经推行的“三三制”周工作追踪法。

这个方法起源于其分公司。一开始，总部发现这个部门计划执行特别到位，总是能够准时甚至提前完成任务。实地调研之后发现，他们工作的跟进方式与众不同，别人是周一交工作计划，他们是周五下班前必须提交，而且周三增加了一道工作自检程序。除此之外，他们还开展 PK 竞赛，把大家的工作完成情况公布在看板上，营造“比、学、赶、帮、超”的团队氛围。

仔细研究会发现，他们具体实践的背后，用到的方法其实是大家耳熟能详的 PDCA 循环[⑥]。

基于 PDCA 循环和这个部门的具体实践，他们总结出了“三三制”周工作追踪法，它具体包含四个步骤：

1	周五下班前必须提交下周工作计划和本周工作总结，未完成的工作要实施改善
2	周一早会通报部门工作情况，确认本周计划与改善情况
3	周三进行工作计划执行情况的自检，如果预计会延迟的，必须说明情况与措施
4	以月度为单位将完成情况公布在葡萄树看板上展开竞赛

为了推行这套方法，团队还专门设计了配套工具《工作计划执行追踪表》和《执行达人 PK 赛看板》。这套方法在全公司推广后，计划执行情况得到了显著的改善。

② 心法口诀

前文介绍的五种建模方法中，可以看到一些很有意思的表达，比如顺序型的“起承转合”和并列型的“SMART 原则”。它们特别朗朗上口，令人印象深刻。类似这样的表述方式，称之为心法口诀。

我们是不是也能提炼出心法口诀，配套模型，让精心提炼的“套路”更容易记忆和推广呢？这里介绍几种常见的方法：

方法一：关键字法

⑥ PDCA 循环又称戴明环，是一个持续改进模型，它包括持续改进与不断学习的四个循环反复的步骤，即计划（Plan）、执行（Do）、检查（Check）、处理（Act）。（MBA 智库•百科）

“起承转合”“SMART 原则”是把内容中的第一个字（字母）或者关键字提炼出来，拼合成一个词、一句话。喜欢看金庸小说的人一定能脱口而出“飞雪连天射白鹿，笑书神侠倚碧鸳”这 14 个字。它从金庸先生每部主要作品中各提炼出一个字，并将它们串联在一起，形成一副对联，方便人们记忆，这就是关键字法。

方法二：对仗法

“飞雪连天射白鹿，笑书神侠倚碧鸳”除了运用到关键字法之外，还用到了对仗法。对仗法是把内容总结成结构一致、对仗工整的打油诗或一串词组，比如学生时代的“化学方程式之歌”：

> 左写反应物，右写生成物；中间连等号，条件要注清；
> 写对化学式，式子要配平；气体和沉淀，箭号标分明。

方法三：数字法

小时候过马路，大人经常教育我们要“一停二看三通过”，它本身是一个顺序型模型，同时又运用了数字法。本章介绍的 4D 经验萃取法也是一个顺序型模型，同时还结合了数字法和关键字法。

方法四：谐音法

用谐音的方式加工知识点，也有奇效。比如为了记圆周率，有人写了一首谐音的打油诗：

方法五：歌谣法

还有一种文艺的做法是把知识转化为歌谣。比如小时候记忆 26 个英文字母，有一半功劳要归功于广为传唱的《字母歌》。

关键字法、对仗法、数字法、谐音法、歌谣法是加工心法口诀最常用的五种方式，结合五种建模方法一起使用，绝对功力倍增，所向披靡。

③ 评审标准

评审标准是一种评估工具，人们可以借助评审标准，为衡量行动的正确性和有效性建立一把标尺。比如，某汽车 4S 店将销售服务顾问应遵守的行为规范设计成《4S 店销售服务顾问行为自检表》，让员工每日对照自检，也方便上级主管检查验收。

④ 范本模板

早年电子化还不普及的时候，去银行办事，总能看到柜台玻璃下压着很多诸如开户、存款、转账等的表单填写范例，方便大家在填表的时候照猫画虎，有效降低出错的概率。另外，公司统一的 PPT 模板、法务部给出的合同范本等，都可以称为范本模板。

⑤ 环境提醒

某呼叫中心对客服人员要求：当外部来电时，在铃声响起三声内必须保持微笑接听。看似非常简单的操作要求，可是执行起来并不容易做到。原因在于客服中心接到的多是投诉电话，对方通常情绪不佳、气势汹汹，容易给客服人员造成压力。

为了帮助客服人员随时提醒自己达到要求，负责此项训练的培训师为他们准备了一套小工具：一面可以放在桌上的小镜子、一张印有大大的笑脸和“三声内接听”五个字的不干胶标签。每位客服人员把笑脸标签贴在自己的电话听筒上，来电时一眼就能看见，镜子放在自己座位的正前方，以便接电话时可以时刻看到自己的表情。这样一个小小的环境提醒，显然有助于客服人员做到“三声内微笑接听”的要求。

如果配上高水平的文案，环境提醒还能变得更有“温度”、更打动人心，让你在不知不觉中接受劝导。比如，某工地为了劝导入场的人员及时佩戴安全帽，设计了一张提示牌，凡是看到这张提示牌的人，无不第一时间赶紧戴好安全帽。

⑥ 操作指南

环境提醒，有时候也是一份操作指南。很多医院的洗手池旁，张贴着的“科学洗手六步法”就兼有这两种功能。

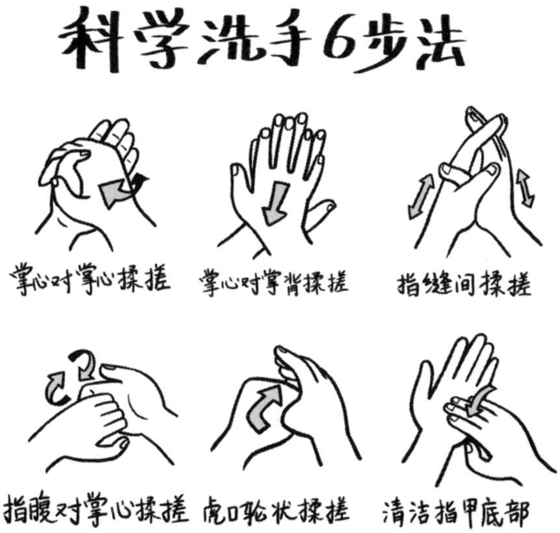

产品说明书则是另一种形态的操作指南。随着移动互联网的普及，很多产品取消了纸质的操作指南，改为将二维码印在产品上面，当用户想要了解操作方法时，直接用手机扫码观看图文说明或短视频示范即可。

⑦ 软件系统

软件系统是一个开发门槛较高，但固化效果较好的配套工具。数字化是当前企业升级的热点。数字化的工具更是五花八门，比如腾讯的微信小程序、阿里的钉钉都为我们提供了极大的便利。甚至有人感叹：只有想不到，没有找不到。

有一家进口食品的连锁超市，他们把店铺里三大关键因素——“人”“货”“场”之间的逻辑关系整合成了一个小程序。连锁店的店长每天只需将店面终端的具体数据输入到这个小系统里，小系统就会对数据进行分析，并且返还一份运营报告。运营报告里，诊断了店面的健康指数，明确指出哪些方面特别好，哪些方面比较弱，哪些需要重点关注，并且通过排名比对，找出自己和其他先进店面的差距。这样一套系统对于开展工作、提高绩效是非常有帮助的。

《经验萃取表》将道、法、术、器融为一体，整合呈现为一张表格。当我们把从实践案例中萃取所得的经验智慧逐一填写在表上，也就完成了一个高品质解决方案的主体工程。

为了确保内容的有效性，使解决方案既源于实践又高于实践，我们还可以对其进一步优化。比如采用防呆法⑤6降低员工执行中的出错概率，同时通过对流程增加、删除、拆分、合并或调整，使工作效率最优，以达到绩效改善的目的。

这里，以“干粉灭火器的使用”为例，提供《经验萃取表》的填写示范：

⑤ 防呆法：连愚笨的人也不会做错事的设计方法，由著名的丰田生产体系创建人新乡重夫（Shigeo Shingo）根据其长期从事现场质量改进的丰富经验而首创。

《经验萃取表》填写示例

任务 / 问题		手提式干粉灭火器的使用				
输入					输出	
原则 / 理念 / 价值观		① 安全无小事，消防是大事 ② 救早灭小，预防为先 ③ 灭火几分钟，平时勤“练功”				
序	步骤 / 流程	活动 / 行为	关键要领 （成败关键 / 安全警示 / 效能窍门）	要领理由 （这么做的原理或不这么做的危害）	常见问题 （新手经常出现的错误）	异常处理 （例外情况处置或出错后的补救措施）
1	查验压力	观察压力表，判断压力值是否属于正常值	压力表指针必须位于中间绿色区域	如果指针位于红色或黄色区域，表明压力不足或压力过大，将导致干粉喷出不正常，灭火失效	忘了检查压力表	无
2	摇松干粉	将灭火器罐内干粉摇松	使用前先把灭火器上下颠倒4～5次，使筒内干粉松动	为了使粉状的干粉松散，在使用时就能在气压作用下，将干粉全部喷出，从而达到灭火效果	未摇动或摇动次数不够，干粉未充分松动	无
3	拔除插销	撕掉小铅块后拔除保险销	① 在距燃烧物5米左右，先撕掉小铅块，拔除保险销 ② 操作者站在火焰上风有效距离2～3米外	① 和火源保持距离，并站在上风向，保证自身安全 ② 拔掉保险销干粉才能喷出	紧张，压住压把，导致插销无法拔出	小铅块撕不下来、保险销拔不动——停止使用或使用辅助工具助力解决

续上表

序	步骤 / 流程	活动 / 行为	关键要领（成败关键 / 安全警示 / 效能窍门）	要领理由（这么做的原理或不这么做的危害）	常见问题（新手经常出现的错误）	异常处理（例外情况处置或出错后的补救措施）
4	瞄准火源	将喷嘴瞄准火焰根部	① 用一只手握住喷管前段，但切勿挡住或太靠近喷口 ② 瞄准火苗的根部	① 如果手挡住喷口或离喷口太近，在干粉喷射过程中会阻碍喷粉，弄到身上甚至伤及眼睛 ② 瞄准根部有助于彻底灭火，提升灭火效率	① 手握喷管根部或太靠近喷口 ② 瞄准火苗顶部	① 干粉不慎喷到身上——其药剂一般是磷酸二氢铵或者碳酸氢钠，无毒，一般无碍，如有皮肤发红发痒，用过敏性药物涂抹即可 ② 干粉不慎弄到眼睛——用清水洗净后立即就医
5	压下压把	压下压把进行灭火	① 压下压把同时适当摆喷嘴，使气体横扫整个火焰根部，并逐渐向前推移	增强灭火效果；扩大灭火范围	① 没有摆喷嘴或者站着不动，灭火效果不佳 ② 近火未灭就向前移动，危险	火势太大无法控制，以自身安全为重
			② 灭火器应始终保持直立状态	不保持直立影响顺畅喷粉	灭火器横卧或颠倒，无法喷粉	
			③ 如遇多处明火，可移动位置点射着火点，直至火焰点完全熄灭，不留明火为止	防止复燃	不等火焰点完全熄灭就移开，导致复燃	
配套工具		① 手提式干粉灭火器操作说明视频 ② 操作步骤口诀：“干粉灭火五步法，一查，二摇，三拔，四瞄，五压”				
备　注		① 干粉灭火器适用于扑救各种易燃、可燃液体和易燃、可燃气体火灾，以及电器设备火灾 ② 手提式干粉灭火器只可用于扑灭小型火灾				

试试看

请用一个生活中的常见任务“做一道菜：西红柿炒蛋”，制作《经验萃取表》。

【关注“一起老师”公众号，回复关键字“萃取”查看参考答案】

3.2.4 D4：设计方案

有了《经验萃取表》承载所萃取的智慧结晶，就等于有了一套初步成型的完整解决方案，但这并不足够。前三个 D，界定主题、挖掘素材和萃取智慧，只是完成了“输入”环节。我们必须将解决方案进行“输出”，回到工作实践中加以运用和完善，才能真正产生业务成果，提升组织绩效。第四个“D”——Design a project，设计方案，在这方面发挥着举足轻重的作用。

设计方案最主要的内容是落地转化的过程和方式，需要解决的核心问题是如何打通从经验到业绩增长的路径。说到“业绩增长”，很有必要提及企业培训师们必须理解的另一个概念——“绩效改进”。

所谓“绩效改进”，我们可以简单理解为，通过对工具、技术、行为模式等的改变，让组织或个人的行为对企业业绩产生正向影响，创造更多价值。托马斯·吉尔伯特被称为“绩效改进之父”，在管理学领域极具影响力。1978 年，他所著的《人的能力》出版。书中提出的著名的“行为工程模型”，非常好地诠释了影响绩效的主要因素。根据吉尔伯特的观点，影响绩效的绝不仅仅是员工的知识和能力，还包括很多其他的因素。经过大量研究发现，影响绩效的因素中，数据、工具、激励等环境因素占比高达 75%，剩下的 25% 才是知识技能、天赋潜能、态度动机等个体因素。而且实践证明，解决环境有关的问题所耗费的时间和金钱，很多时候比解决员工个人因素的耗费来得少。当我们推动绩效改进时，应当优先改变环境因素，再配套考虑个体因素的改善。

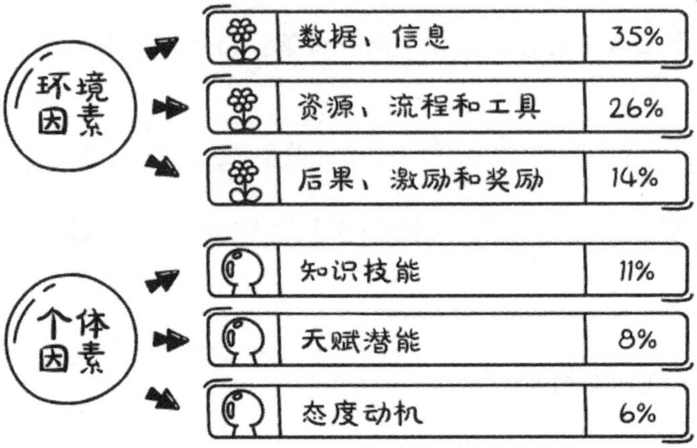

因此，身为一名企业培训师，不妨尝试从拿到内容就想着把它开发成一门课程的惯性思维中跳脱出来，用更立体的视角多维度、多层面地思考如何打好“组合拳”。将课程开发视为手段，而非目的，将更有助于我们成为真正意义的高绩效培训师。

借由 4D 组织经验萃取技术的帮助，我们一路历经界定主题、挖掘素材、萃取智慧、设计方案，终于为我们要开发的课程攒足了有效、有料的“干货”内容。这一里程碑节点的完成，同时也标志着一门精品课程很快就要浮出水面了！

第4章

如何炼成精品课程

走完“聚焦选题”“萃取方案”两步之后，到了这一章，终于要开始把手上的高品质解决方案设计成一门“人见人爱、花见花开”的精品课程了。需要说明的是，解决方案和课程之间的对应关系并不局限于一对一（一个解决方案开发成一门课程），可以一对多（一个解决方案开发成一系列课程）或者多对一（多个解决方案整合形成一门课程）。

如果说，前两步是在水面之下，从现在开始，成果将浮出水面。如果说，前两步主要在使用左脑，抽象的成分居多，那么，从现在开始将越来越多地使用右脑，尽情张开想象的翅膀，充分发挥创意。

4.1 包装课题名称：做快乐的标题党

孩子出生时，父母都会挖空心思为他取个好名字，作者至今仍对一位大学同学的姓名印象深刻。他的姓氏相当少见，是“过”，全名“过程”。他爸的名字更有意思，叫“过得来”，他还有个叔叔叫“过得去”。一遍下来，全家的名字都过目不忘了。

取名字的重要性在自媒体兴盛的今天被放大到了惊人的程度，所有自媒体大号在分享经验时，无不一再强调“标题”的重要性，以至于催生了一个专有名词——“标题党”。其实，课题名称对于课程而言同样非常重要。

如何让自己的课题名称变身“高颜值”？介绍一套“美化课题的六支魔法棒”给大家。

1. 数字法

结合课程内容，对课题名称进行数字化处理。当至尊宝深情地对紫霞仙子说“如果非要给这份爱加上期限，我希望是一万年”时，多少人和紫霞仙子一样，被“一万年”感动得热泪盈眶。同样的一篇文章，取名“如何提高文章点击量”和“只需三步，篇篇都成 10W+ 爆文”，哪个更吸引人？答案是显而易见的！如上所写“美化课题的六支魔法棒”也是数字法的一种应用，而且它还运用到了第二种方法“类比法”。

2. 类比法

对于陌生、抽象的东西，可以用一个跟它属性相通的事物进行类比。比如旅程很刺激，可以表述成“这次行程简直像坐过山车一样惊险”，别人一听瞬间就能感同身受。而将美化课题的方法类比成“魔法棒”，会使人脑海里立马浮现出“点石成金”的画面。有时候，还可以借助互联网风格的“潮词”作类比，比如将客服类课程“从投诉到表扬”改成“从拍砖到点赞”。

3. 价值法

展示价值诱惑，直击关键信息。把课程里最有价值的亮点体现在课题上，就像相亲角的张大妈，在纸板上写下儿子的条件“有房有车、清华毕业、就职世界 500 强”一样，保证排队的女孩父母里三层外三层。

再举几个例子：

①《一眼识别软件 BUG》

②《你的形象价值百万》

③《告别单身狗，你只需要学会这几招》

4. 提问法

通过问问题的方式，诱发受众思考，激发其好奇心。如果用上反问句，还能发挥激将法的神奇功效。比如《乔布斯的演讲魔力是怎样炼成的？》和《如何打造狼性团队？》。

5. 热点法

通俗地讲，就是蹭热点。热点具有吸引流量的先天优势。曾经有学员开发了一门有关人脸识别技术的课程，他巧妙地蹭了当时热播的电视剧《人民的名义》，将课题取名为《丁义珍，看你往哪逃——人脸识别技术的原理与应用》，可谓挣足了眼球。大家不妨将适合的热点嵌入到自己的课程中。需要提醒大家的是，凡事有利必有弊，蹭热点的最大好处是有时尚感，容易热起来，最大的问题是有“热得快，凉得更快”的风险。

6. 角色法

把人们熟悉的经典角色请到课程中来串场，是一个很不错的招数。众所周知，制度规范类的课程通常比较枯燥乏味，如果改造一下变成“跟着大白学制度”或“大师兄教你驾驭工程规范”，是不是就能眼前一亮了呢？

7. 万能取名范式

作为一个好的课题名称，在注重吸引力的同时，还要注意符合“简明”的原则。简明有两层含义，一是简，名称要尽量短，别啰里啰唆一大串；二是明，要让学员一看就能明了课程的内容主题。

在做课题名称测试的过程中，曾经发生过一件趣事。有一位培训师将“高效时间管理”的课程取名为《如何活出 101 岁？》。他的本意是，如果能做好时间管理，人完全可以在有限的生命里创造出更多的价值。可是课题发布测试后，公司退休的老头老太都来抢着报名了，他们还以为这是一门养生课呢！

有一个“万能取名范式”可以解决这个问题。用主副标题组合的方法，由主标题负责吸引力，由副标题负责简明清晰。

摘录企友咨询以往项目中的几个课题名称供大家参考：

01 **从小白到专家——玩转自主车型设计流程**
（价值法，并结合网络用语，贴近新生代学员）

02 **你造吗？你在造什么？——S 公司产品介绍**
（提问法，其中“你造吗”是网络流行用语，即“你知道吗”）

03 **看见未来——看板方法概念与实践**
（价值法，把看板管理的内在价值通过“看见未来”呈现出来）

04 **手机拍出高大上——某品牌手机拍照的 7 个小技巧**
（价值法 + 数字法）

试试看

以下课题可以如何优化？请试着改写。

1. XX 公司企业文化
2. 部门经理应掌握的财务知识
3. 芯片开发流程概览
4. 岗位带教技巧
5. 常用公文写作

【关注“一起老师”公众号，回复关键字“课题”查看参考答案】

4.2 明确教学目标：找到教学的靶心

4.2.1 教学目标的三个误区

谈到教学目标，常常存在三种典型误区：

误区一：没有目标

有的培训师认为，编一个课件、做一场分享，太容易了！在万能的互联网搜一搜，然后“剪刀 + 糨糊”，复制 + 粘贴，三下五除二即可大功告成！这种操作典型是猪八戒脚踩西瓜皮，滑到哪里算哪里。

误区二：迷失目标

纪伯伦有一句经典名言：“我们已经走得太远，以至于忘记了为什么而出发。”很多讲师思维的跳跃性很强，在开发课程的过程中一不留神便迷失了方向，结果和主题差得十万八千里，完全不着调。

误区三：目标过多

做培训师做久了，容易习惯性“好为人师”，而且容易变得很贪心，恨不得像小说里的武林宗师，关键时刻，手往徒弟脑门上一摁，就将毕生武学修为随着真气统统传授给徒弟了。但俗话说得好，贪多嚼不烂。有谁是只吃一顿饭，就能长大成人的呢？

在第二章聚焦选题中，我们反复强调“选择比努力更重要”，选题正确，大方向一定没有问题，但是落实到教学中，还得更精确地找准靶心位置以及界定得分的区域范围，也就是要为自己的课程设定一个有效的教学目标。

4.2.2　制定目标的 ABCD 法

一门沟通技巧的课程，把教学目标描述成“通过培训，使听众充分认知沟通的重要性，并使他们的沟通技巧得到显著改善”，看上去特别有道理，本质却是“正确的废话”。如何判断听众已经认知到沟通的重要性？怎样才算“显著改善”？谁都说不清楚。

再来看看某驾校制定的目标：“通过培训和上机练习，随机提供 10 种驾驶行为，初中以上文化水平的驾照报考者能够判断是否属于违章行为，正确率达到 100%。”与上文中沟通技巧的目标相比，是不是显然好得多呢？

这是因为它用到了一种方法，我们称之为 ABCD 法。

教学目标的 ABCD 法

字母	英文单词	含义	案例解读
A	Audience	对象	初中以上文化水平的驾照报考者
B	Behavior	行为	能够判断违章行为
C	Condition	条件	提供 10 种驾驶行为
D	Degree	水平	正确率 100%

A——对象。一把钥匙开一把锁，想要通吃天下是不行的。假如把一到六年级的小学生全部集中在一个班级听同一堂课，结果会怎样？当你讲 1+1=2，六年级的同学会想："老师，这我六年前就会了！"反过来，当你讲 365 的平方，一年级的同学是什么感受？"老师，您在讲天书吗？我怎么全都听不懂？"可见，不同水平的培训对象需求一定是不同的。

在实际培训中，还有一种更普遍的现象：喜欢把很多不同专业岗位的人集中在一起听课，美其名曰"规模经济"。讲到 A 的时候，甲乙丙都皆大欢喜；可讲到其他内容，就总有人听不懂，或者听懂了也用不上。

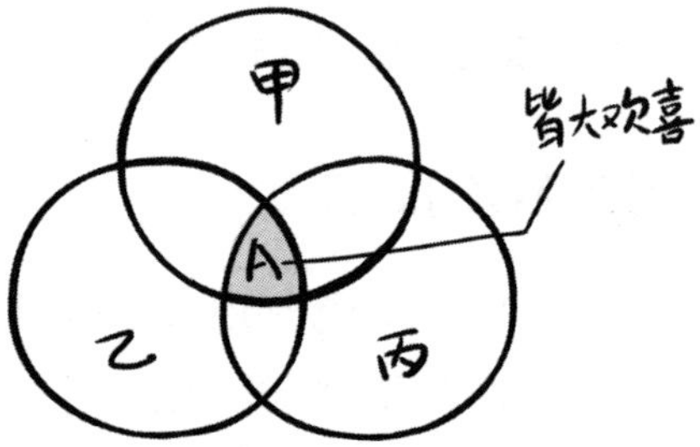

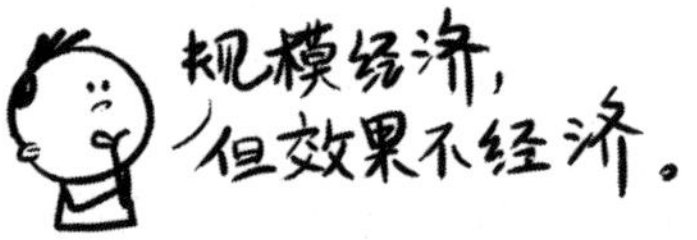

如何精准锁定目标人群呢？我们不妨借鉴瞄准镜里准星的原理，把学员的经验、水平当纵轴，把学员的专业背景或岗位当横轴，纵横交叉起来，便可把学员对象描述为"达到什么水平的哪些岗位"，这样就清晰多了。（见下页图）

B——行为，也就是学员参加完培训后能做什么的描述。布鲁姆把教学目标分成记忆、理解、应用、分析、评价、创新六个层次。最基础的是学员记住了一些内容，甚至能倒背如流。再好一点，学员不仅记住了，而且还能用自己的话诠释出来。再上一个层次，学员不仅理解了，而且还能学以致用，既知道又做到。最棒的效果是，学员不仅会照着做，还能在实践的基础上融会贯通，创新升级，青出于蓝而胜于蓝。

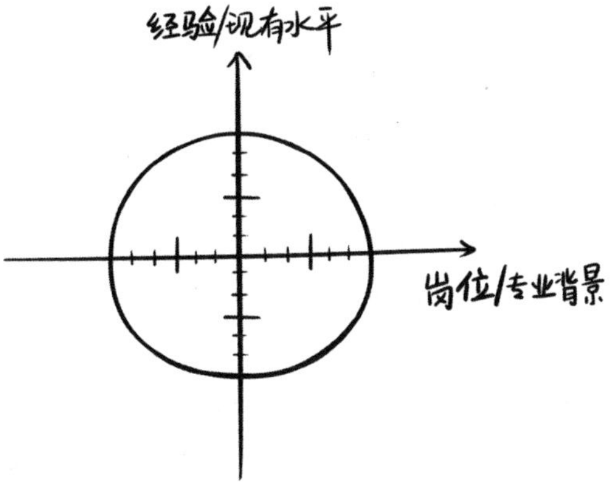

那么，您自己开发的这门课程，希望学员能做什么呢？请参考《布鲁姆目标分类动词表》，罗列出具体的行为改变。

布鲁姆目标分类动词表

学习目标层次	特征	可参考选用动词
记忆	对信息的回忆	定义、描述、提炼、寻找、认出、标明、告诉、列出、找出、记住、命名、列举、识别、选择、说明、写下
理解	用自己的语言解释信息	改变、确定、讨论、表达、举例说明、配对、重述、关联、总结、比较、辩护、分辩、解释、延伸、概括、泛化、推论、要点
应用	将知识运用到新的情境中	修改、调整、应用、选择、分类、收集、发现、编剧、绘画、实施、建立模型、报告、制造、解决、略述、建构、完成、检查
分析	将知识分解，找出各部分之间的联系	公布、分析、区别、辨别、检验、调查、研究、推论、比较与对比、参与、分开、指出、细分
评价	根据一定标准做出价值判断	鉴定、评价、建议、批评、解决、权衡、批判、评判等级、判断、考虑、证明、关联、定量、测量、总结、优先考虑、挑选、决定、辩论、核实、议论、讨论、决定
创新	将知识各部分重新组合，形成一个新的整体	添加创造、作品创作、合并、建构、文学创作、设计、规划、开发、总结公式、假设、想象、发明、改革、原创、组织、计划、预测、建议、角色扮演、安排时间表、因果追问

C——**条件**，指的是行为产生的条件，包含环境、人员、设备、信息、时间等。比如“培训结束后，在指导人的指导下”。

D——**水平**，指的是达到所要求行为的程度，包括速度、准确性、质量等因素。比如“正确率达到 100%”。

下面几个教学目标案例较好地运用了 ABCD 法，供大家参考。

ABCD 法示例表

课题	教学目标
招聘面试技巧	学员在培训结束一个月后参加“面试官”考核，能独立完成面试准备、有效实施面试过程、准确评估面试结果，取得面试官证书（即考核分数超过 60 分）
EMS 系统标定	在导师指导下，能简单评估及列举新项目开发时的重要工作内容及节点，学员在新车型 EMS 系统标定评估时做到无工作内容遗漏，日程评估误差小于 3 个月
cocos2d-x 开发实务	学员在培训后，能准确说明 cocos2d-x 发展历史及开发特点，并能独立在 Linux 系统下搭建 cocos2d-x 开发环境，过程中无错误操作
软件测试	培训后，给予一个项目，在测试资深员工指导下，能够根据需求说明书，设计用例、执行用例、记录跟踪 bug，编写测试报告，用例有效率以及需求覆盖率分别达到 80% 和 85% 以上

4.2.3 柯式四级评估法

定好了目标，就要全力以赴实现它。如何判断目标实现的程度呢？这就需要配套行之有效的评估方法。在培训领域，有很多效果评估的工具，其中柯克帕特里克的柯氏四级评估法最熟为人知，并被广泛使用。

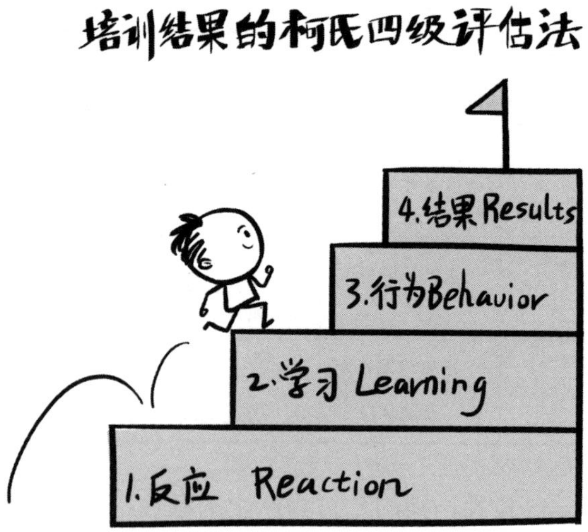

柯氏四级评估法将培训效果评估分成反应、学习、行为和结果四个渐进的层级。

为了方便大家理解，不妨将“反应”通俗化理解为评估“爽不爽”，最常采用的方式是满意度问卷。“学习”评估“会不会”，最常采用的方式是各种考试，比如笔试、口试和实操演练等。“行为”评估“做没做”，最常采用的方式是明察暗访，比如到工作现场抽查或者访谈学员上级以了解情况。结果评估“有用吗”，最常通过各种绩效数据来体现，比如销售业绩、产品合格率、坏账率等。

“爽不爽”是最容易评估的，也易于通过数据呈现，因此得到很多培训管理者的钟爱。而 BOSS 们重视“结果”，他们最关切培训究竟带来了什么实打实的产出。所以凡是能直接评估到“结果”层面的，尽量往“结果”靠。可是“结果”往往不是单一因素就能产生的，如何清晰有力地证明培训在其中的贡献度是一个业界难题。这种情况下，可以从绩效结果倒推出正相关的关键行为。通过评估有没有产生预期的行为改变来确认培训效果。我们还可以将评估方式进行组合运用，通过“学习 + 行为”的综合评估来反映有效性。举个某鞋服企业的例子，他们对“产品培训”采取了这样的评估方式：

某鞋服企业“产品培训”评估方式

层级	时点	评估方式	考察重点
学习	培训当天	① 线上产品知识考试 ② 仿真演练	● 产品知识掌握情况 ● 语言应用水平
行为	一周内	① 电话抽检 ② 巡店 ③ 神秘顾客	能否在销售过程中准确并熟练地向消费者介绍新产品

试试看

下面这个教学目标存在哪些不足？试着改写它。

通过学习本门课程，店长及导购能够提升对新品的重视度，准确描述新品卖点，产品知识线上考试超过 70 分（满分 100 分），二次转训覆盖率达 100%，三个月售罄率同比提升 30%。

【关注“一起老师”公众号，回复关键字“目标”查看参考答案】

4.3 搭建课程结构：三级课纲的诞生

李忠秋老师曾经在他的书中出过一个小测验，让大家先用 10 秒钟时间观察左侧的图形，然后凭印象把它画出来，结果能完全正确还原的人寥寥无几；而大多数人只需要不到 5 秒钟就记住了右边的图形。细心的读者会发现，左右两边的图形所包含的个数、种类、顺序都是一模一样的，区别只在于右侧的图形重新分行，调整了呈现的结构。这就是逻辑结构的魅力。

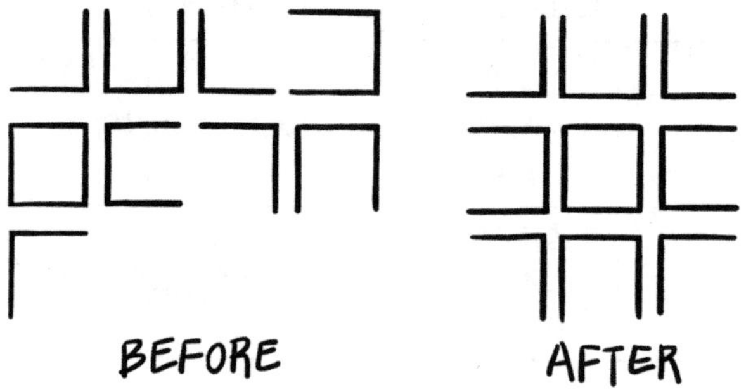

提到逻辑，很多人忍不住抓耳挠腮，觉得特别抽象和复杂。什么归纳、演绎、金字塔原理、MECE 原则……听着就头晕。其实，90% 的课程都可以用几种简单的结构组合实现。这些结构和前面第三章中介绍过的建模方法有很多相同的底层逻辑，可以联合起来思考。

（1）WWH 结构

包括 Why-What-How 和 What-Why-How 两种，适用范围非常广，可谓是“万能结构”。

为什么说是万能结构呢？试想一下，要让一个人完成一项任务，需要他具备哪些条件？比如到树林里采摘 10 斤荔枝，他首先要认得什么是荔枝，以免把龙眼摘回来，这个叫知识，Knowledge。他还得掌握爬树或爬梯子的技能，并且学会使用剪刀等工具，这个叫技能，Skill。除此之外，他还得明白为什么要自己去完成这个任务而不是别人，产生行动的意愿，这个叫态度，Attitude。如果把这三个单词的第一个字母拎出来，便是赫赫有名的 ASK 模型。

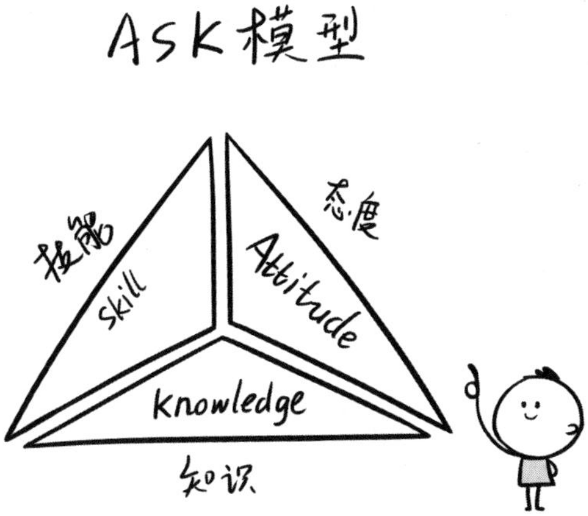

而 WWH 正好对应这三个要素，“Why 为什么”指向态度，“What 是什么”指向知识，“How 怎么做”指向技能。所以称 WWH 为万能结构。

典型的例子如下：

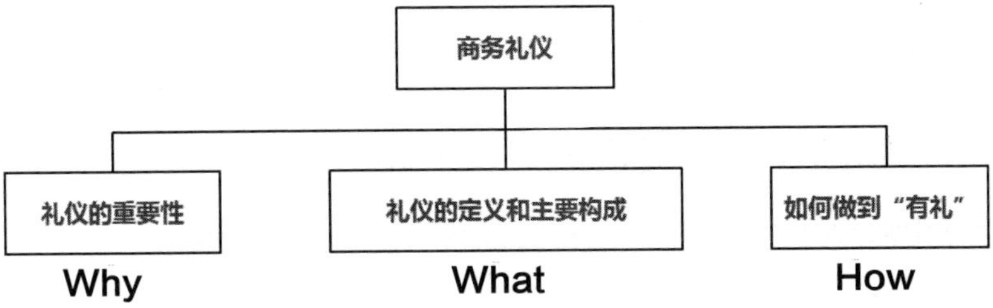

一般说来，意愿总是优先于行动，所以通常先讲 Why 接着是 What 和 How。但是当学员对课程主题一无所知时，这种玩法就很难玩转。例如给从未接触过“禅道”APP 的软件开发部门推荐这款项目管理软件，老师在台上激情洋溢、唾沫横飞，讲了一堆使用“禅道”的好处，台下的人却丈二和尚摸不着头脑，半天没弄明白“禅道”是什么。遇到这种情况，就应该变通一下，先讲What，再讲 Why 和 How。

（2）顺序结构

可以细分为时间顺序和流程顺序。

时间顺序，通俗地讲就是“昨天—今天—明天”的结构。如果讲企业发展史、技术迭代升级历程，这种结构是用得最多的。

流程顺序，通俗地讲就是“首先—接着—然后—最后”的结构。绝大多数任务型的课程都适合用流程顺序进行讲解。第三章中的《智慧萃取表》也采取了流程顺序来整理解决方案。

这种结构最大的好处在于按照步骤 step by step，一步接一步地展开，浅显易懂，可以边做边学，特别适合新手学习。比如讲解酒店入住接待流程，从客人进门问候、引导至服务台、登记、引导至客房……按照酒店规定的流程一步接一步讲解，非常具有场景感。

（3）并列结构

并列结构和顺序结构最主要的区别是，并列结构各部分是对等关系，可以有主次，但一般无绝对的先后，而顺序结构各部分的位置是不可以随意打乱的。

《管理沟通》是中基层管理者的必修课，特别适合用并列结构来开发。为什么呢？因为作为一名中基层管理者，他的内部沟通对象可以分为上级、下属、其他部门，向上沟通、向下沟通和平行沟通就成了这门课的三个主要章节。

生活中常常提及的“三十六计”，也是并列结构的典型。

以上三种是最主要的课程结构类型。除此以外，再补充两种比较常见的结构。

（1）SCQA 结构

SCQA 结构是著名的麦肯锡公司用于制作提案的标准结构，迁移到课程中常常作为案例型课程的结构。这里，用大家最熟悉的脑白金广告语来试着帮助理解什么是 SCQA：

SCQA 结构示例

字母	英文单词	中文含义	脑白金案例
S	Situation	情景	“今年过节”
C	Complication	冲突	“不收礼”
Q	Question	问题	“收礼只收？”
A	Answer	答案	“脑白金”

在实际使用中，SCQ 三个部分常常以一个案例的形式作为课程的导入，A 才是课程的主体，即解决方案。

（2）PAM 结构

即 Problem 问题——Analysis 分析——Method 方法。在课程中先抛出问题，再对问题产生的原因做出分析，最后给出解决方案。

上面这些常见课程结构如果能够加以灵活运用，可以组合出各种各样的骨架。一般情况下，通常用一种主结构嵌套若干不同子结构的方式来实现。

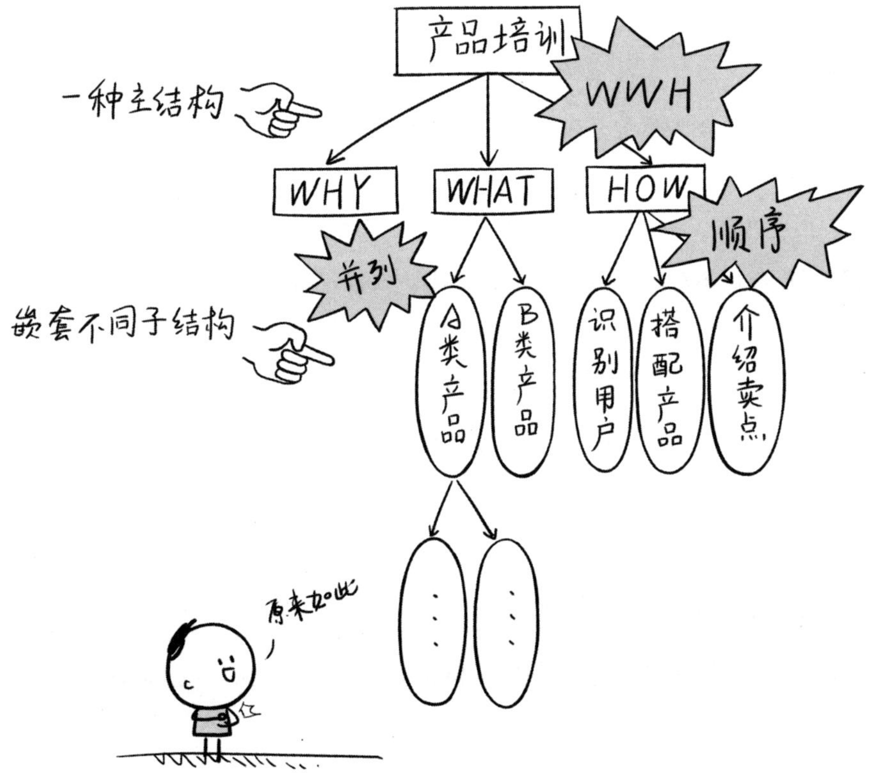

曾经有新入门的培训师问过一个有趣的问题："一个课题只有一种最适合的结构吗？"不急着回答这个问题，先来看一个《如何组织红酒品鉴活动》的课程案例：

这门课程的目标学员是分布在全国各地入职一年内的市场专员，他们已经有过组织品鉴活动的亲身经历，但问题不断、质量不高，所以决定开发一门课程，来培训他们，以提高工作质量。

课程开发小组一开始选择"流程顺序"作为主结构，分成"策划定案""活动准备""现场执行"和"会后总结"四个部分依次展开。在研讨过程中，有一位组员提出了异议："我觉得这种结构不合适，原因有二，一是这些市场专员并非完全没有经验的小白；二呢，大家别忘了我们几个月前刚给他们发过一份《红酒品鉴会 SOP》！"

于是一番研讨之后，将课程调整成了并列结构，提炼了贯穿活动全程的四个成功要素"主题创意""成本控制""流程监控""效果评估"，按照要素分别展开讲解活动执行各阶段的关键要领。为了引发学员的兴趣，开发小组还专门为课程取了个响亮的名字《活动执行，你行！——红酒品鉴会成功执行四要素》，并且融合集体智慧设计了一张《品鉴会成功指数评估表》用于评价活动执行的质量。

再拓展开想，如果这些市场专员都是公司久经沙场的老手，采用 PAM 来架构课程再合适不过，甚至根本不必上课，直接用行动学习的方法组织一次专题研讨就行了。

所以，同一个的课题，只要学员对象不同、教学目标不同，本质就是不同的，课程的结构也可能完全不同。

定好课程结构之后，将知识点往框架里填充，就形成了一份完整的内容大纲。通常大纲做到三级已经足够。

制作大纲的工具有很多，传统的做法是选择 Word 文档或 Excel 表，现在大家比较流行用思维导图①。思维导图对于发散思维、灵活调整内容结构非常方便。市面上有 Xmind、Mindmanager 等电脑端软件以及“幕布”等手机端软件可以制作思维导图，简直便利极了！

4.4　加工教学内容：化晦涩艰深为通俗生动

有这么一个段子：一个男生想追求心目中的女神，他像孔雀开屏似地秀肌肉，眉飞色舞地吹嘘：“我苦练武功二十年，上次遇到一名壮汉，他使‘黯然销魂掌’，我回‘神剪手’，我给他一记‘空明拳’，他回我一招‘霹雳掌’，大战了几十回合终于将他制服。”女神正听得心驰神往，旁边冷不丁“噗”地冒出一声笑：“不就玩个锤子剪刀布嘛，搞得像华山论剑似的。”

生活中类似这样的例子并不罕见。不是有人把手机贴膜描述成“智能高端数字通讯设备表面高分子化合物线性处理”吗？不是还有些“大师”特别善于把常识包装成“宇宙智慧”吗？课程也是这样，如果用“研究”和“表达”两个维度来区分，大致可以划出“牛、懵、傻、装”四种不同的类型，上述几个例子就属于典型“研究浅，表达深”——“装”的范畴。

① 心智图法（Mind mapping）又称为思维导图，是一项流行的全脑式学习方法，它能够将各种点子、想法以及它们之间的关联性以图像视觉的景象呈现。（MBA 智库·百科）

在企业内部，特别是研发型、生产型的技术人员开发的课程一般可以归为“懵”。一堆的理论模型和专业术语，再夹杂着成串的英文缩写，新手完全听不懂。提到沟通，相信很多人会认同这样一个理念“你说什么、说多少不重要，对方听到了什么才重要”。培训课程其实一模一样，你讲多少、讲什么不重要，学员听懂了什么、学会了什么才重要。

在这四种类型中，“傻”不必说，“装”没必要，“懵”不可取，只剩下“牛”是开发课程最应该追求的境界。用一句话来概括就是“研究要深入，表达要浅出”。以往有不少技术型学员听到这，就会忍不住反驳：“老师，你说得轻巧。我研究了十几年沉淀下来的技术精华，怎么可能那么容易听得懂？”遇到这种情况，爱因斯坦的一句话特别适合用来回应他：“如果你不能浅出，意味着你没有很好的深入。”

不过爱因斯坦说的也不全对。要想“浅出”，除了研究“深入”外，还得掌握“浅出”的技巧。这个技巧就是“比例图”。“比”，包含打比方、做对比；“例”，包含举例子和讲故事；“图”，主要指视觉化。

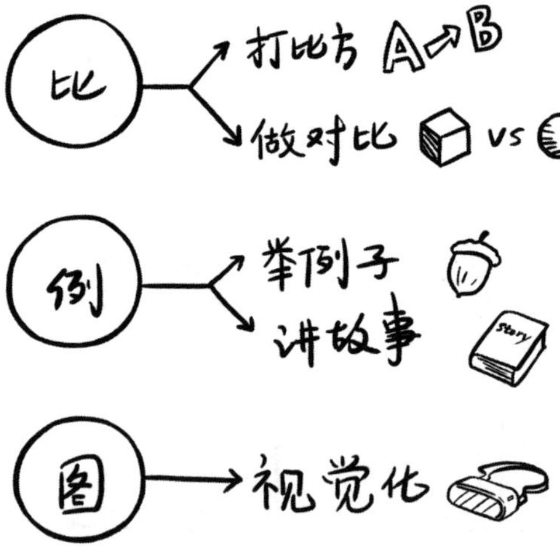

4.4.1　第一招——打比方

打比方是一种利用两种不同事物之间的相似之处做比较，以突出事物特点，增强说明的形象性和生动性的说明方法。这种方法可以很有效地帮助学员，特别是帮助新手在已知和未知之间架设起一座桥梁。

打比方有两个关键。第一个关键是要抓住问题的核心，换句话说，原事物和所打的比方必须具有共同的关键特性。来看一个例子，一位经济学家在阐述“经济发展要保持合理的增长速度”时，是这么表述的：“经济增长太慢，社会问题容易累积爆发出来；经济增长太快，又容易产生投资过热和通货膨胀等问题。这就好比我们骑自行车，太快了会摔跤，太慢了会跌倒，不疾不徐才恰到好处。”第二个关键是必须用简单的东西来类比复杂的问题，而不是用复杂的东西来说明简单的问题。

4.4.2　第二招——做对比

做对比，又称之为做比较。它是将两种类别相同或不同的事物、现象等加以比较来说明特征的说明方法，用于突出强调事物的某种特征。做对比既可以是同类相比，也可以是异类相比，可以对事物进行横比，也可以对事物进行纵比。

举个例子，在某些农村地区，结婚时男方家庭需要向女方父母支付一笔不菲的聘礼。一位男青年对此大倒苦水：“我爷爷结婚的时候，花了半斗米。我爸结婚的时候，杀了半头猪。我结婚可不得了，要了半条命啊！”

通过自己和爷爷、爸爸的比较，再加上数据化的夸张描述，农村青年娶妻难的现象变得特别形象生动，很容易给人留下深刻的印象。

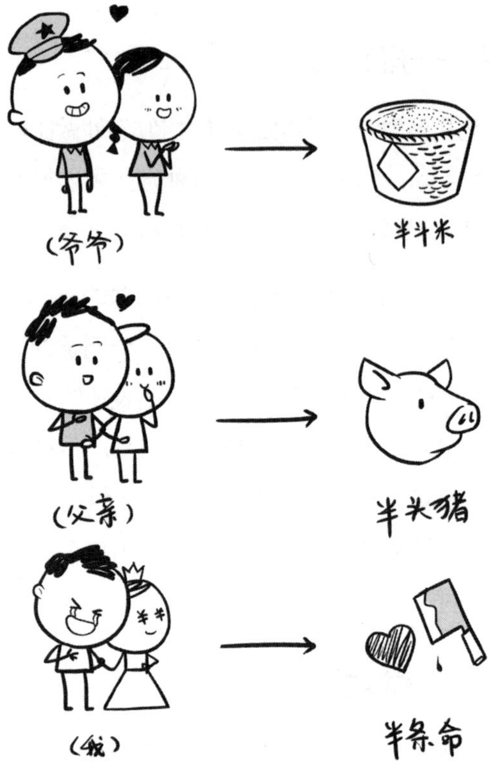

在课程开发中，如何使用做对比来讲解抽象难懂的内容呢？

例一：太平洋占的面积差不多等于其他三个大洋的总和，比最小的北冰洋大14倍。

例二：某保健品含有8种矿物质、14种维生素，早晚各吃2粒，相当于每天吃200克牛肉补充的硒，150克牡蛎补充的锌，500克菠菜补充的镁，喝620毫升牛奶补充的钙，50克猪血补充的铁，还有吃2千克柠檬补充的维生素C、500克鲜花生补充的维生素E、10千克稻米补充的维生素B1和500克猪肝补充的维生素B2。

例三：在使用这套品质检验方法前，生产的一次性合格率是 94.5%，而使用后，一次性合格率高达 99.5%，提升了 5 个百分点，效果十分显著。

同样的道理，如果开发《培训收银员识别伪钞》的课程，用真钞和伪钞进行对比，一定是最有效的方法。

4.4.3　第三招——举例子

举例子是通过列举有代表性的、恰当的事例来说明事物特征的说明方法。百度百科总结了举例子的三个要求：

① 所举例子与所说明的问题要内容一致，不能似是而非，更不能张冠李戴，否则起不到说明事物特征的作用；

② 所举例子要尽量典型，有影响力和代表性；

③ 所举例子要通俗易懂，让人感觉到有可信度，这样更能说明事物的特征，语言表述恰到好处。

如有留意，不难发现在介绍第一招“打比方”和第二招“做对比”时也大量使用了举例子的方法。下面再看一个课程开发的实际案例：

举例子示例表

人物	某五星级酒店的财务经理
课题	《非财务人员的财务管理》
学员对象	各业务部门的新任经理（财务的“门外汉”）
知识点	讲解主营业务收入、其他业务收入和营业外收入三个概念
内容设计	在公司经营过程中，有各种各样的收入来源，主要分为“主营业务收入”“其他业务收入”和“营业外收入”。它们之间有什么区别呢？ 以我个人为例，我是咱们酒店的财务经理。做好财务管理是我最重要的职责，也正因为这份工作，我每个月 10 日能够从人力资源部领到一份薪水，这就是我的“主营业务收入”。可是上个月领工资时，我发现金额比平时多了一千多。我很纳闷，向人力资源部了解情况。他们告诉我，这是我担任酒店兼职培训师，讲授《非财务人员的财务管理》获得的课酬。担任培训师不是我的核心职责，但与我从事财务管理工作息息相关。这样的收入称为“其他业务收入”。多领了钱，当然很开心，为了表示庆祝，我决定在酒店门口买一张福利彩票碰碰运气。万万没想到，竟然中了一万元奖金！这个奖金和我的工作内容毫无关系，属于“营业外收入”

续上表

内容设计	总结如下： 主营业务收入是指企业从事本行业生产经营活动所取得的营业收入。比如住店客人支付的房费。 其他业务收入是企业从事除主营业务以外的其他业务活动所取得的收入，具有不经常发生、每笔业务金额一般较小、占收入的比重较低等特点。比如酒店甜品吧里卖甜品获得的收入。 营业外收入，指企业发生的与企业业务经营无直接关系的各种收入。营业外收入并不是由企业经营资金耗费所产生的，实际上是一种纯收入，不需要与有关费用进行配比。比如市政府评选我们酒店为“城市名片”所颁发的奖金

使用举例子这种方法时，要遵守“四近”原则：时间近、空间近、人物关系近、利益关系近。符合“四近”原则的例子，学员将更易于理解，更能够引发共鸣。譬如讲安全意识，举一个三十年前外国某城市某个人的例子肯定不如“上个月，我们公司后勤部门那个老杨，大家都认识吧，他……”来得好。

4.4.4 第四招——讲故事

故事以其趣味性和代入感俘获了无数人的“芳心”，而且不分男女、老少咸宜。无论对文化传承，还是对教育训练，故事都发挥了举足轻重的作用。我们小时候通过《狼来了》的故事学会了“不能骗人”。通过《农夫与蛇》的故事学会了“不要同情心泛滥”。翻开《圣经》《六祖坛经》，你会发现它们都在讲故事。而《庄子》则会让人忍不住感叹：“庄周才是顶级的故事大王！”

课程中的故事要寓教于乐，能给人启发和思考。有一位企业培训师阐述“人一定要与时俱进，不能故步自封、因循守旧”时，没有给学员说大道理，而是讲了这么一个故事：

有一位老爷爷以卖草帽为生。这天，他挑着草帽去集市售卖。路过一个山岗时，他觉得有些累了，于是坐在一棵大树下歇息。过了一会儿，竟然睡着了。醒来的时候，他吓了一跳，发现框里的草帽全被猴子抢光了。猴子们坐在大树上，自顾自地玩草帽，完全不理会老爷爷的吆喝。老爷爷忽然想起猴子爱模仿人的动作，灵机一动，摘下头上的帽子往地上一扔。猴子们见状也“刷刷刷”地把草帽往地上扔。老爷爷赶紧收拢草帽，继续上路赶集。

老爷爷临终时把编草帽的手艺连同对付猴子的经验一并传授给了孙子。孙子继承祖业，也去卖草帽。不出意外，路过那个山岗，发生了和爷爷当年一模一样的状况。孙子想起爷爷的话，胸有成竹地摘下草帽往地上扔，没想到竟然噼里啪啦飞过来很多小石块，砸得他满头包。孙子百思不得其解，纳闷地问猴子们：“你们为什么不扔草帽，偏偏扔石头？”领头的猴子哈哈大笑，回答道：“小子，你以为只有你才有爷爷啊！”

听了这个小故事，是不是在会心一笑的同时，迅速领会了“与时俱进”的重要性呢？

除此之外，故事最好还具有新颖性，能让学员觉得新鲜。

有一种做法是**“老故事新解读”**。同一个故事，换不同的角度看，很可能得到完全不同的收获。以《西游记》为例，这样一个人人皆知的故事，还能读出什么新意来呢？

高绩效团队建设？可以，就是太老套了！
信念的力量？可以，还是很老套！

可不可以用来讲“马斯洛需求层次理论”呢？八戒的典型需求是生理需求，沙僧是安全需求，白龙马是情感需求，孙悟空是尊重需求，而唐僧则重在自我实现需求。这个算有点新意了。

更让人拍案叫绝的是，曾经有一位企业培训师用它来论述男人长相与事业高度的关系。她说：“西游记团队里只有唐僧颜值高，领导非他莫属。因为高颜值更容易获得影响力，而影响力就是领导力的根本。”听起来也颇有道理。

另一种做法是**“老故事新表述”**。当年明月的著作《明朝那些事儿》是历史类作品中当之无愧的爆品，堪比“凡有水井处，必能歌柳词”。作者用很潮流的现代化语言来介绍1344年～1644年间的明朝历史，令人直呼过瘾。比如书中这样介绍朱元璋的档案：

姓名	朱元璋
别名 / 外号	朱重八、朱国瑞
学历	无文凭，秀才举人进士统统不是，后曾自学
职业	皇帝
家庭出身	贫农（至少三代）
生卒	1328-1398
最喜欢的颜色	黄色（这个没得选）
座右铭	你的就是我的，我的还是我的

还有一种做法更彻底，**虚构一个新故事**：

人物	某采购部资深买手（公司兼职培训师）
课题	《资深买手的六脉神剑》
学员对象	采购部的新进员工（大学应届毕业生）
知识点	讲解招标方、投标方、采购代理三个角色
内容设计	在采购过程中，有三个最重要的角色，分别是招标方、投标方和采购代理。这三者之间是什么关系呢？ 话说隔壁村有个张员外，有个女儿年方二八、花容月貌，该要谈婚论嫁了。于是张员外在村口贴了一纸招亲告示，准备选个上门女婿。没想到，方圆百里的青年才俊蜂拥而至。张员外看得晕头转向，很担心自己老眼昏花，选错了人，耽误了女儿的终身幸福。思前想后，决定聘请本村有20年以上专业经验的王媒婆帮忙把把关。 在这件事情上，张员外是招标方，希望物色到一个优秀的金龟婿。青年才俊们是投标方，目的是为了能够被张员外选中。而王媒婆显然是采购代理，负责帮招标方评估、筛选，完成采购任务

4.4.5 第五招——视觉化

根据美国哈佛商学院有关研究表明，人的大脑每天通过五种感官接受外部信息，比例分别为味觉1%，触觉1.5%，嗅觉3.5%，听觉11%，以及视觉83%。由此可见，视觉在帮助人们获取信息过程中有着不可撼动的王者地位。将培训内容用一些视觉化的元素表达出来，可以起到“一图胜过千言万语”的神奇功效。

在软件开发培训中，常常会听到两个专业名词：“瀑布式开发”和“迭代式开发”。一般说来，“瀑布式开发”要求需求分析、设计、编码、测试、提交的每一个开发阶段都要做到最好。特别是前期阶段，设计得越完美，提交后的成本损失就越少。“迭代式开发”则不同，这种方式并不要求每个阶段任务都做到完美，而是把主要功能先搭建起来为目的，以最短的时间、最低的成本先完成一个“不完美的成品”，再通过客户或用户的反馈信息，进行不断的完善和升级。这样的说法搭配下面两幅图来帮助学员理解，会不会好很多呢？

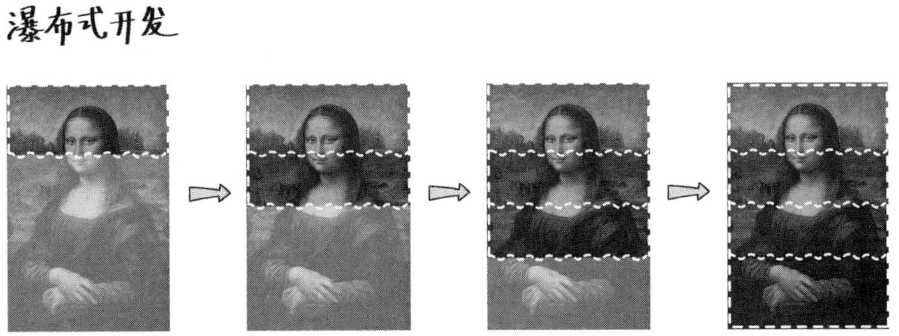

当然视觉化元素并非只有图片一种，视频、图表、图标、色块均可以成为有效表达教学内容的视觉化元素。关键问题是，如何才能巧妙地把抽象的文字转化为形象的视觉化呈现呢？

举个例子，很多人都听过玛奇朵、美式、拿铁、卡布奇诺等咖啡名称，但如何快速区分它们呢？这里介绍一个“视觉化表达四步法”，即运用“锁定”“理解”“想象”“输出”四个步骤，尝试呈现这些常见的咖啡种类。

第一步锁定，也就是明确你要表达的主题。比如“几种常见咖啡的区别”。

第二步理解，也就是研究分析主题所包含的核心要素或本质内涵。比如，经过分析发现几种常见咖啡最大的区别在于成分的不同，美式咖啡是在浓缩咖啡的基础上掺了水进行稀释做成的，而卡布奇诺是浓缩咖啡加牛奶再加奶泡的做成的。

第三步想象，怎样的视觉化元素可以用来表达“咖啡成分不同”呢？可不可以用简笔画的方式来呈现呢？不同填充表示不同的成分，然后把它们放在一起进行对比，以加深印象。

第四步输出，画简笔画，勾勒、填充、标注。完成！请看下图：

运用“比例图”这个工具，通过打比方、做对比、举例子、讲故事和视觉化这五种方法，就能够“化艰深晦涩为浅显易懂”，快速地将专业知识教给非专业的学员或者本专业的新手们了。如果更进一步，学会打“组合拳”，对它们加以综合运用，更将威力倍增、所向披靡。

研究很深入，表达很浅出，靠的就是这一招！

试试看

综合运用比例图的五种手法，将下面这段摄影基础知识转化成浅显易懂的教学内容。

在摄影技能培训中，光圈、快门、感光度是最基础的专业名词。

光圈是一个用来控制光线透过镜头，进入机身内感光面光量的装置。表达光圈大小我们是用 f 值。常用的光圈值包括 f1.4\f2.0\f2.8\f4.0\f5.6\f8\f16\f22\f32 等。光圈 f 值越小，通光孔径越大，在同一单位时间内的进光量便越多，在同等情况下照片就越明亮。

快门是照相机用来控制感光片有效曝光时间的机构。快门速度单位是“秒”。常见的快门速度有：1、1/2、1/4、1/8、1/15、1/30、1/60、1/125、1/250、1/500、1/1000、1/2000 等。快门速度越慢，进光量便越多，在同等情况下照片就越明亮。

感光度指的是指数码相机处理器对光线的敏感程度。感光度的英文标识是 ISO，一般相机的感光度从 ISO100、ISO200……ISO1600、ISO25600 等。感光度越高，对光线的敏感度越强，感光度越低，对光线的敏感度越低。使用高感光度，在微弱的光线条件下，也可以拍出明亮的照片。

【关注“一起老师”公众号，回复关键字“内容生动化”查看参考答案】

4.5　设计教学活动

说到教学，很多人会联想到小时候课堂上的画面，老师站在讲台上，或拿着粉笔板书，或摇头晃脑地讲授知识，而学生两眼巴巴坐在台下，或认真听讲，或埋头练习。这是典型的填鸭式教学。

如何设计教学活动？有很多专业机构对此做了大量的研究。其中，美国缅因州的国家训练实验室总结出了一个赫赫有名的“学习金字塔”。

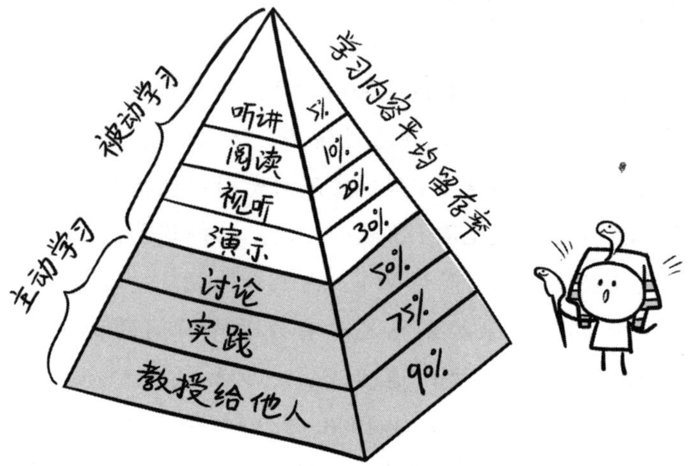

仔细琢磨“学习金字塔”，可以初步得到这样一些结论：

1 主动学习比被动学习更有效，被动学习是以老师为中心的，而主动学习是以学员为中心的；

2 应该穿插运用多种教学方式来提升教学成效，发挥 1+1>2 的作用；

3 实践出真知，应验了那句英语谚语“I hear，I forget，I see，I remember，I do，I understand”（我听会忘掉，我看能记住，我做才理解）；

4 分享是最好的学习，应鼓励学员以终为始，用输出倒逼输入；

5 纯粹以“讲授”为形式的填鸭式教学，效果极差。

在做教学活动设计的过程中，也应参照“学习金字塔”，遵循以上原则。

一门规范的课程，通常采用“总—分—总”模式，分成导入、主体和收结三个板块，也可以形象地称为凤头、猪肚和豹尾。一起来看看，如何将“学习金字塔”的原则具体运用到这三个板块的设计中。

4.5.1　凤头：PIP 三要素导入

培训这件事有时候挺尴尬，没有培训，员工抱怨；真做培训，员工还是抱怨。天天哭着喊着要进步、内驱力极强的人毕竟只是一小部分，吃喝玩乐才是大家喜欢的事情。试想想，工作本来就挺累的，如果再碰上 1 年 N 度的朋友圈摄影大赛，秀旅游，秀美食，他们还能安心听讲吗？所以必须在培训的一开场就牢牢抓住学员的眼球，让他们充满好奇心，才能让他们快速地融入课堂学习中来。可以说，良好的开端是成功的一半！

每个人的心中都有一扇由内而外开启的改变之门，除了他自己，谁也无法替他打开。在培训刚开场的时候，这扇门是虚掩着的，学员的心里充满了十万个为什么。一开始，他会问：“这培训讲些什么内容呢？”被吸引住之后，他会接着问：“和我有关吗？我为什么要学这个呢？”即使学员充分认同了重要性，他仍然还有一些疑问待解决，比如“这老师讲的内容好吗”“这玩意儿我搞得定么”，又比如“这个培训好不好玩啊”。这些疑问像学习途中的一只只“拦路虎”，没有解决好，学员可能随时失去学习的热情。作为一名企业培训师，自始至终必须做好一件事——激发动机，让学员自动自发。

有没有一套程序可以系统地帮助我们完成这个任务呢？美国佛罗里达大学的约翰 • M • 凯勒（John M Keller）教授于 20 世纪 80 年代开发并检验了一个 ARCS 动机设计模型。这个模型有助于教学设计人员更好地理解动机并有效地将动机的因素融入教学中。它包含了注意（Attention）、相关（Relevance）、信心（Confidence）和满足（Satisfaction）四个关键条件。其中，满足将在“4.5.3 豹尾”进行详细介绍。

1. 注意（Attention）：吸引并保持他的注意力

如果留心观察生活，大家会发现，所有活动在正式开始之前首先都得抓住受众的眼球。小时候村子在农忙过后，常常邀请一些草台班子来唱戏。一阵锣鼓喧天，却不见戏台上有个人影。直到几轮下来，台下人头攒动，个个伸长了脖子、竖起了耳朵，角儿才咿咿呀呀地从幕后走出来。

培训也不例外。好奇心是动机的一个重要来源。为了引发学员的好奇心，我们得制造一些强有力的刺激，让他觉得新奇或意想不到。

有一位企业培训师在公司讲授《销售渠道的开发与管理》这门课。由于他们的产品属于白热化竞争的快速消费品，很多学员在听课之前，老是抱怨市场太过饱和而无从开发新渠道。如何打破学员这种成见呢？他在讲台上放了一杯与杯沿平齐的清水和一盒大头针。让学员猜一猜，往杯子里放几枚大头针后，水将开始溢出。学员们都觉得放不了几枚。

为了让学员亲眼见证，老师邀请了两位学员，一位负责一枚一枚往水里放大头针，另一位负责报数。事实让学员们都惊呆了！竟然大半盒的大头针放进去了，还没有溢出一滴水。老师说："各位，在我们见证这个奇迹之前，大家是不是都觉得不可能可以放进这么多大头针？可是我们做到了！看到我们当前白热化竞争的市场，大家是不是也觉得不可能再开发出更多的新渠道？可是，我告诉你，你一定可以办得到！怎么做呢？今天的培训将告诉你答案！"台下掌声雷动。

这位培训师通过一个小小的演示，在教学现场制造了强烈的认知冲突，成功地引发了学员的关注。

当然，也有很多大腕不假于物就轻松达到了"抓眼球"的目的。乔布斯在2005年给斯坦福大学毕业生所做的那场经典演讲中，是这么开场的："非常荣幸和你们一起参加这所世界上最好的大学的毕业典礼，说实话我还没从大学毕业，今天是我离大学毕业最近的一天了。"台下的学生忍不住纷纷笑了起来，心里非常受用，一下子拉近了双方的距离。之所以有此神效，一方面是"乔帮主"

注入了自己的个人经历，另一方面他还运用了“自嘲”这种幽默的手法。

不管新奇还是幽默，由此激发的动机都是短暂的。为了使学员更持久地集中注意力，有一种方法可以供我们参考。

使用能引起神秘感并使学员参与问题解决的教学方式，使学员产生凯勒所称的“探究的态度”，能够很好地“勾引”出学员的学习动力。

有一位很厉害的 EXCEL 培训师在开始上课时，总喜欢展示一堆杂乱无章的原始数据，然后请学员设想，他们将如何用这些数据完成他们在工作中经常遇到的几项任务。学员们被唤起了痛苦的记忆，却憋在心里无处消解。这时，这位老师仿佛一下变身魔术大师，行云流水地敲了敲键盘、动了动鼠标，转眼之间就在屏幕上呈现出了大家想要的结果。学员在台下惊呼：“老师，您是怎么做到的？慢一点！慢一点！”老师得意地笑了笑，开始引导学员一步一步跟着他学习 EXCEL 的知识和技能。

2．相关（Relevance）：让学员觉得与自己有关

在凯勒看来，“相关”最普遍的意义是指那些我们认为能满足需求和个人欲望（包括实现个人目标）的工具。相关性的问题包含了两个方面，一是目的定向，二是手段定向。

目的定向，也就是要让学员觉得培训的内容对他有用，能帮助解决问题或完成任务。我们常常开玩笑地问学员：“如果培训结束全班合影，看到照片的第一反应能瞅瞅老师有多帅的人是最有良心的。有良心的请举手！”学员们乐了，坦诚地回答：“我们有良心，但我们肯定先找自己。”每个人最关心的人其实是自己，人性使然，无可厚非。所以成人学习具有很强的功利性。在培训中，学员越明了他的利益（学好了会得到什么好处）或威胁（没学好将损失什么），他的学习动机将越显著地被激发。

销售人员善用“放大梦想”和“加剧痛苦”来挖掘潜在客户的需求，这个技巧在培训上同样一针见效。我们在培训导入阶段，最好能引导学员主动设置

自己的学习目标。对于激发坚持不懈的行动而言，设置具体的目标优于宽泛的目标，近期目标优于远期目标，适度挑战性目标优于太过易于达成的目标。

手段定向则需要我们在教学方式上让学员感受到他在群体中的价值与责任。讲师可以在培训中通过团队组建形成合作的学习小组，并且通过选组长给学员提供担任领导者的机会，还可以通过设定比赛规则，在各小组之间展开友好的 PK。

除了目的定向和手段定向，凯勒认为**“熟悉性”也是相关性的一个组成部分**。正如他所说，人们更喜欢自己已经熟悉的或者更感兴趣的事物。因此，培训师应该尽可能通过提供具体例子和类比把教学与学员的经验联系起来。

乔布斯在给斯坦福毕业生的演讲中，还有这么一段内容：“当我年轻的时候，有一本非常棒的杂志叫《全球目录》。在 20 世纪 60 年代，个人电脑还没有出现，所以全部是用打字机、剪刀还有偏光镜制作的，有点像是用软皮包装的谷歌。在谷歌出现 35 年前，这本书充满了理想主义色彩。”台下的听众都是 80 后，可想而知，20 世纪 60 年代的《全球目录》对于他们是一个抽象的概念，完全没有体会。但乔布斯巧妙地将其类比为“用软皮包装的谷歌”，通过学生们耳熟能详的谷歌，瞬间增强了“熟悉性”，从而提升了演讲的效果。

曾经有一位担任中层经理职位的女培训师。当她生完孩子升级为妈妈后，深刻体验到育儿和管理有着很多异曲同工之妙，所以她在课程中融入了大量通过亲子实践悟到的管理心得，成功地启发了他们公司很多的基层管理者。

后来她被邀请到另一家互联网公司分享经验。同样深入浅出、情真意切，台下学员的反应却大不如前，效果大打折扣。她很纳闷地来请教原因。作者问她：“能不能描述一下你们的管理团队和这家互联网公司有什么不同？”她说：“我们公司属于服务业，女性比较多，上课氛围感性成分占比大。他们是互联网行业，男的多，而且看上去都很年轻。”笔者又问：“据你观察，你们家先生聊起孩子也会如你这般眉飞色舞吗？还有，孩子出生前特别是结婚前，你们俩口子关心育儿这个话题吗？”她恍然大悟：“我明白了！他们是男的，而且多半未婚未育，所以我的故事虽然精彩，却很难引发他们的共鸣。”

从这两个案例中，我们不难总结出一个规律：时间上越新，空间上越近，情境与学员的经历越相似，引发学员关注并形成共鸣的成功率就越高。

通过目的定向和手段定向，并且尽量使用具有“熟悉性”的内容和方式展开教学，将提高学员的“相关性”认知，进而激发他们的学习动机。把你想教的转变为学员们想学的，把你想讲的转变为学员们想听的，传授方式就对了。

3．信心（Confidence）：帮助学员树立信心

“引发学员关注并让他们觉得与之有关”只是完成了激发动机的第一步。只有学员对达成教学目标、获得学习成果充满信心，才能真正使他们持续保持高度的学习热情。对于那些认为自己不能完成学习任务或在尝试中害怕失败的学员，讲师该如何帮助他们树立信心呢？凯勒提出了三个策略：

第一，清晰界定目标、路径和里程碑，引发学员对成功的积极期待。

第二，给学员创造成功的机会。

第三，允许学员合理控制学习，并帮助他们认识到学习是勤奋努力和方法得当的直接结果。

策略二、三会在下一节提到，这里先对策略一展开说明。

麦肯锡金牌演示专家泽拉兹尼曾在其著作中提到“PIP 开场三要素”，分别指 Purpose（目的）、Importance（重要性）和 Preview（预览）。我们完全可以借鉴这个方法，把它变成培训导入的标准模式。

在培训导入部分明确地告知学员培训目的和目标，并且通过预览教学内容和进程安排，帮助学员锚定学习之旅的目的地。其中 Purpose（目的）和 Preview（预览）比较容易说清楚，真正的难点是 Importance（重要性）。

人们常说，世界上最难的事情，就是把钱从别人的口袋里拿出来装到自己的口袋里，以及把思想从自己的脑袋中灌输到别人的脑袋中。这个环节很考究培训师的教学设计能力，需要培训师创设一种情境，让学员通过体验发自内心地产生认知和认同。

以大家最常见的《高效时间管理》课程为例，我们看看这位培训师是怎么使用 PIP 三要素来设计开场导入的：

在热情的问好和幽默、简短的自我介绍之后，老师点亮手中激光笔指向投影幕上的课程名称："我们今天和各位管理培训生探讨的话题是'高效时间管理'（开门见山，破题）。可能有些人会觉得，这么 OUT 的课，我早就听过了。可能还有人会说，急什么急，我还不到 30 岁，余生很长，慢慢来。对！别急！别急着仓促定论。请大家跟着我完成一个小任务。看到你桌上有一张 30×30 的方格 A4 纸了吧？"

"看到了！"台下齐声回应。有一位学员开了个玩笑："老师，您是让我们 PK 五子棋吗？"

"不！这不是棋盘,是在座各位的一生！"老师意味深长地说(激发好奇心)。

学员不解，很纳闷地看着老师。老师扫视了一下全场，接着说："因为 2017 年中国人的人均寿命是 76 岁，我们姑且按 75 岁算，就是 900 个月，所以说我们这张方格纸上的每一格就代表我们自己的一个月时间。"台下恍然大悟。

老师说："首先，请大家将自己已经过完的那部分的格子涂黑！我们都知道，正常人每天要睡 8 个小时左右，占一天 24 小时的三分之一。请大家接着将剩余空白格子的三分之一涂黑！好！还有……请继续涂黑……"（与自己有关）

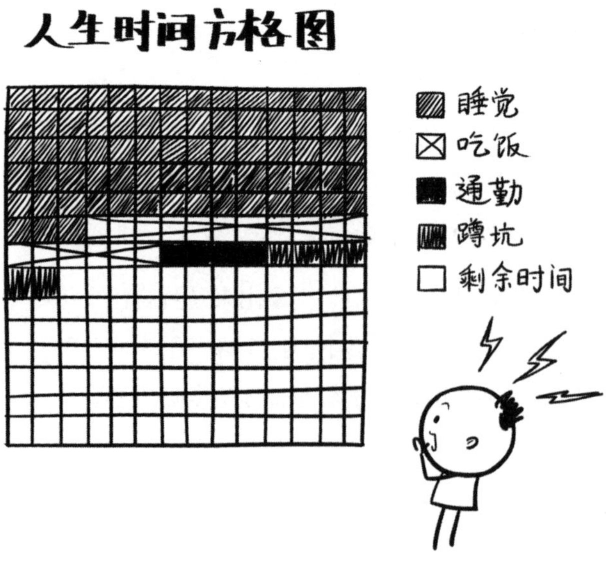

几轮各种理由的涂黑之后，现场学员的脸色越来越凝重。

"请各位同学仔细端详自己手上的这张纸，你有什么感受？"

"老师，一直以为余生很长，没想到这是一种假象啊，我发现自己真正可以自主支配用来创造价值的时间远没有想象的那么多！"

“与这位同学有同感的，请举手！”（扩大共鸣）

台下刷刷地举起了手。（通过体验，让学员觉察时间的紧迫性，即 Importance 重要性）

“谢谢！各位有看到桌上另一张表格《时间记录表》吗？请认真回忆你昨天的日程，并且填写到表格中，统计出自己一天工作产生的成果以及为此投入的时间。”

几分钟之后，很多学员完成了统计。

老师说：“想必不少同学惊讶地发现自己一天的成果竟然少得可怜，而且有很多的时间都浪费在了没有价值的事情上。我说得对吗？可以自由支配的时间本来不多，还被我们浪费得这么厉害！各位没有觉得心疼吗？”（继续创造体验，让学员感受 Importance 重要性）

台下的学员坐不住了，纷纷问道：“老师，那我们该怎么做呢？”

“我们今天培训的目的，就是要教会大家一套自我管理的方法，帮助各位成长为一名真正的高效能职场精英（Purpose 目的）！这套方法经过往期学员的实践检验，一个月后 80% 以上同学的工作效率提升了超过 30%，你们想不想学？”（展示与“我”有关的收益，并且建立信心）

“想！”台下异口同声地回答。

“很好！为了达成这个目的，今天，我们将用 6 个小时的时间，分 3 个章节来展开学习，分别是……”老师一边将 PPT 课件翻到目录页，一边讲解。（Preview 预览）

试试看

上面这位老师成功地运用 PIP 三要素完成了课程导入，如果换成你讲这门课，会怎样设计课程的导入部分呢？请至少拿出3种不同的解决方案。

【关注“一起老师”公众号，回复关键字“导入”查看参考答案】

4.5.2 猪肚：三级跳知识点教学

有些讲师上课，一讲到知识点就像“谢尔顿②”一样快速讲解很多晦涩难懂的概念术语，全程“高能”。学员的反应常常是不感兴趣、觉得和自己没关系或者不知如何运用到实际中去。

为什么会这样呢？不是讲师的知识水平不够，而是讲师只讲内容，缺少连贯而系统的教学设计。

关于教学设计，有两个著名的方法论，作为企业培训师必须要了解。一个是美国著名教育心理学家加涅的九段教学法。他将整个教学过程分成以下九个步骤：

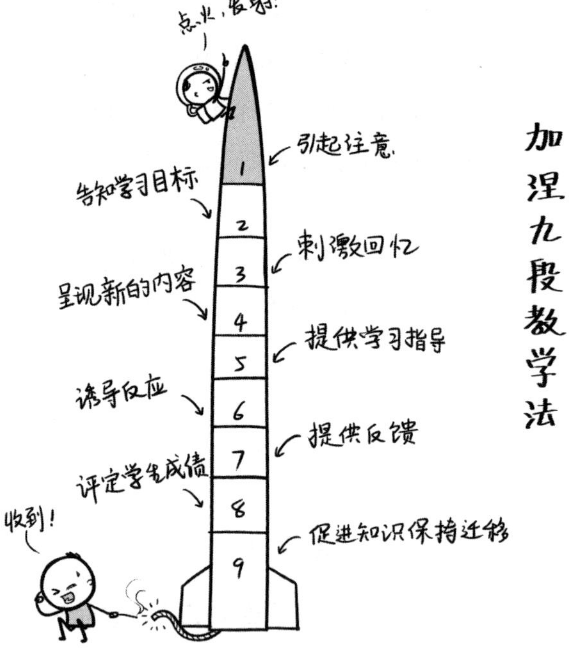

另一个是著名学者梅里尔提出的“首要教学原理”，也叫“五星教学法”。

② 谢尔顿·李·库珀博士（Sheldon Lee Cooper），CBS 情景喜剧《生活大爆炸》中的一个智商高达 187 的物理天才。

梅里尔认为具体的教学任务应被放入循序渐进的实际问题解决情境中来完成，先向学习者呈现问题，然后针对各项具体任务展开教学，接着再展示如何将学到的具体知识运用于解决问题或完成任务。只有这样，才是优质高效的教学。

“五星教学模式”是由 5 个主要素（“聚焦问题”“激活旧知”“求证新知”“应用新知”和“融会贯通”）以及 15 个次教学要素构成的。具体模型如下图所示：

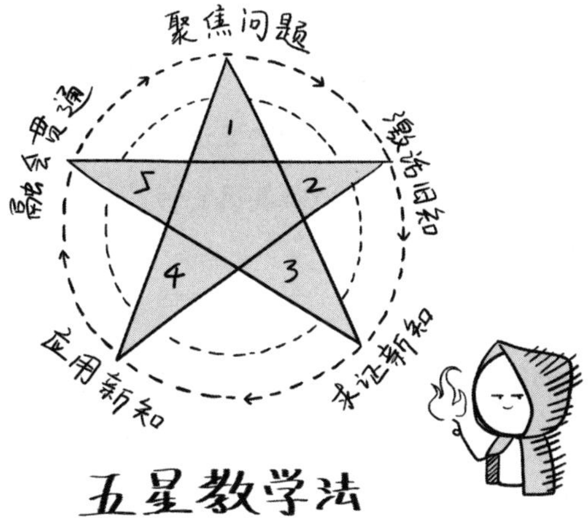

无论是“加涅九段教学法”还是“梅里尔五星教学法”，背后的设计理念是基本相同的，流程的设计逻辑也有诸多相通之处。它们符合“从实践中来，到实践中去”的道理，推崇用“旧知”连接“新知”并且强调要打通从“知道”变成“做到”。

为了方便大家更容易理解和上手，我们采用“三级跳”模式来展开知识点的教学过程。第一跳“激发动机”，实现从“要我学”到“我要学”；第二跳“传授知识”，实现从“不知道”到“知道”；第三跳“扩展能力”，实现从“知道”到“做到”。

1．激发动机——从“要我学”到“我要学”

关于如何激发动机，在导入设计部分已经有详细的阐述，最关键要结合学员的工作实践，直戳其“痛点”。

2．传授知识——从“不知道”到“知道”

如何将知识从讲师转移给学员，除了遵循从已知到未知、从简单到复杂、从具体到抽象之外，在具体操作上也各有各的玩法。有三种典型的不同主张，分别是行为主义、认知主义和建构主义。用友大学原校长田俊国老师在他的著作中对三种不同主张做过生动诠释：

【行为主义】

最基本的特征就是不探究大脑的运作机理，把大脑当成黑盒子，要让学员产生某种行为，就反复强化相应的外部刺激，直到形成某种固定的“刺激—反应”模式。就像训练狗熊钻火圈，钻过去就给它食物，钻不过去就没有奖励，久而久之，狗熊就会钻火圈了。因此，也可以将其隐喻为“驯兽主张”。

【认知主义】

认知主义认为教学就是把知识装进学员的脑袋里，所以对“大脑对信息的加工过程”做了深入研究，探究信息的获取、加工、评估、决策、反应等环节的大脑工作机理和各个器官机能，以追求用科学的方法把知识装进学员的大脑里。认知主义的教学犹如给学员的大脑里砌一堵墙，所以将其隐喻为“砌墙主张”。

【建构主义】

建构主义是在认知主义的基础上更强调学员在学习过程中的主动性，认为知识是学员基于经验的主观建构，不同的人对相同的知识的输入与理解会不同，这是因为他们过去的知识结构和经验不相同。建构主义的教学强调讲师为学员提供指导和支持，知识和技能都由学员自己建构完成。就像园丁给花提供必要的土壤、水、养分，让花在阳光雨露中按自己的方式成长。因此又被隐喻为“浇花主张”。

田俊国老师对建构主义大为推崇，笔者也赞成“浇花主张”，提倡老师们在能做“导演”的时候不要太热衷于当“演员”，在能让学员自己找答案的时候尽量不要直接把答案告诉他们。所以在传授知识的过程中，应该以体验为载体，创设一种情境，让学员通过主动学习的方式去感悟、总结、提炼背后的知识。

3．扩展能力——从“知道”到“做到”

学习，学习，只学不习是无法将知识有效转化的。要将所学知识内化成能力，最重要的一环是刻意练习。2016 年，心理学家艾利克森（Anders Ericsson）在他的著作中系统阐述了他的研究成果：杰出人物之所以杰出和“刻意练习”有着不可分割的联系。他特别强调，“反馈”是刻意练习的关键要素。

如果学员练习了，却无从判断自己的“段位”，也不知道应该如何改善精进，就会走很多弯路。

以“如何给下属派活”为例，看看运用“三级跳”是怎么完成一个教学活动闭环的：

老师说：“在座各位都是公司的中层管理干部。人们常形容我们是中坚力量，当然，也有人开玩笑说我们是中‘艰’力量。”台下一阵会心的哄笑。（通过同理心和幽默表达，引发共鸣）

老师结合板书接着说：“其实，更客观地讲，我们应该叫中‘间’力量。接活派活，上传下达是我们日常管理中的重要内容。大家在给下属分配任务的过程中有遇到过一些令人头疼的问题吗？”（聚焦问题，连接工作实践，通过戳痛点激发动机）

学员甲正好一肚子苦水无处倒：“唉，下属老是不给力，要么半天没动静，要么你让他做东，他给你交西，最后往往还得帮忙‘擦屁股’。”其他学员也纷纷“吐槽”。

老师问：“甲，能举个例子，说说你平时具体是怎么布置任务的吗？”学员甲一边回顾，老师一边在白板上记录要点。（激活旧知）

老师说：“战争年代的军官，同样经常需要调兵遣将，分派任务。李云龙，大家听说过吧？对！就是《亮剑》里那个个性张扬的独立团团长。我们来看看他是怎么分派任务的。”接着播放《亮剑》里一段短视频，主要内容是李云龙通过观察发现了鬼子的指挥部，让炮手王成柱“想想办法干他一炮”的对话。

老师组织大家分组讨论李云龙派活的流程步骤，并且写在大白纸上。结合各组的分享，老师在白板上总结出了李云龙派活的七个步骤，又接着说：“大家看到了，李云龙在短短两分钟里，运用这七个步骤很好地完成了一次任务分派。那么，在我们的日常管理中，该如何向他学习呢？我给大家举个我自己的实践案例……”（传授知识。通过短视频创设的情境，引导学员通过小组研讨找出答案，并通过自身经历连接实践运用）

最后老师组织了一个小小的仿真练习，以一个实际工作任务为题材，邀请学员代表上台扮演上级和下属，开展实战演练，其他学员作为观察员进行点评。结束时老师作了总评反馈。（通过练习和反馈，帮助学员将知识转化为能力，完成扩展能力的教学环节）

在整个教学过程中，组织练习和立即予以有效的点评反馈是最考验培训师真功夫的环节，因为往往会遇上一些信心不足的学员回避参与练习。遇到这种情况，ARCS 动机设计模型中的 C——信心的策略二和策略三（策略一见 P97）就派上用场了。

策略二：给学员创造成功的机会

通过提问、测试、演练和设置阶段性任务等方式,可以检验和展示学习成果。在设置这些环节时，为了更好地激发学习动机，有三个关键点必须重视：一是循序渐进，从简单到复杂，从已知到未知；二是为学员应用所学知识提供便利，比如提供简明易用的工具模版、参考范例，以及在关键节点提供必要的答疑和辅导；三是建设性反馈，及时发掘学员的亮点，给予鼓励和肯定。对学员的不足之处，避免使用“缺点”“不足”之类的字眼，而是使用类似“同时还有一些方面可以做得更好”这样的语句进行反馈。

面对成功机会，学员能否勇于尝试与他的亲历经验、替代性经验和言语说服有关。

（1）**亲历经验**：当学员自身曾经成功完成过相近的任务或解决过类似的问题时，他会自我反馈“这玩意儿我以前搞定过，应该问题不大”；

（2）**替代性经验**：当学员发现身边的其他人能够完成该项任务时，往往会给自己心理暗示：“嗯，他都能搞得定，我应该也可以。”这就是榜样的力量！通过大量项目实践，我们观察发现：不同榜样带来的效果有显著区别。“以学员为榜样”比“以讲师为榜样”效果好，“起初基础比较薄弱，对尝试存在畏惧心理但最终完成任务的学员”比“能力突出、一贯优秀的学员”效果好，多个榜样比单一榜样效果好；

（3）**言语说服**：当讲师以事实为基础，由衷地认为学员可以胜任时，学员容易产生积极的心理暗示“连老师都觉得我行，看来我是小瞧自己了”。

策略三：允许学员合理控制学习，并帮助他们认识到学习是勤奋努力和方法得当的直接结果

在授课技巧辅导中，如果我们只给学员提供极少的信息，仅笼统地判定他合格或不合格，很可能导致学员非常焦虑，因为他无法对自己的不足实施改善。我们的做法是，将培训师应该掌握的授课技巧拆分成 10 个维度 30 个细项，在辅导中分别做出评价和反馈建议。按这种方式，学员能从他们做得好的方面获得信心，又可以将不足归因于能改正的具体问题。

凯勒提出的三个建立信心的重要策略有助于我们更好地树立学员的信心，而且这些策略是相辅相成的，建议在实践中统合综效地加以应用。

4.5.3　豹尾：三板斧收尾法

做好了导入，讲完了主体，可别以为万事大吉了，收结同样非常重要。一个好的收结犹如画龙点睛，小小一笔就会令整堂课效果直线提升。相反，如果做得不好，虎头蛇尾，则很难获得学员们的称道。前有 PIP 三要素导入，中有三级跳教学活动设计，收结也来个“三”——三板斧收尾法！

1. 第一板斧：回顾

带领学员回顾总结重要知识点是一门课程即将结束时的必备环节，甚至在每个章节结束后都应该有一次小结回顾。因为重复是加深记忆的不二法门。要不怎么说“重要的事情说三遍”呢？根据艾宾浩斯遗忘曲线，在习得知识之后，记忆量会以“先快后慢”的速度下降，如果及时复习则可以大幅降低遗忘的程度。

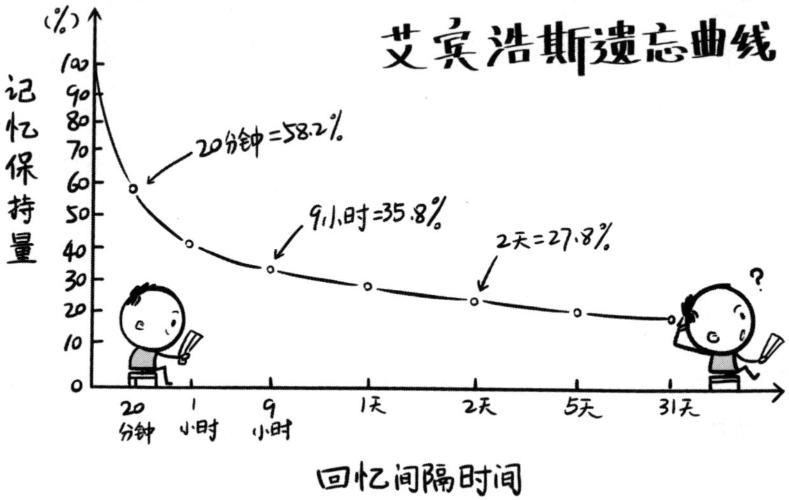

一个常规又好用的回顾方式是结合思维导图，一边带领学员回顾总结，一边将整门课程的脉络呈现在PPT或白板上。通过整门课程学习，老师已经陆续将知识和技能交付给了学员，但由于信息量大、持续时间长，这些重要的知识点仿佛一颗颗珍珠散落在地上，难以一把带走，需要我们用一根线将它们串成项链。这张思维导图就是串珍珠的线，就是用来帮助学员日后温习的“导游图”。

不满足于常规套路的人，当然尽可以发挥自己的创意。有一门《4S店汽车销售服务流程介绍》的课程是这样做知识点回顾的：

老师说："今天我们花了两个小时给大家介绍汽车销售服务流程，不知道各位掌握的情况如何？下面，请各组组长上台领取卡片，我喊 123 的时候，组长将所有卡片从盒子里取出来，发动全组的力量将卡片按照正确的流程顺序排列在桌上。哪一组全部正确，而且花的时间最少，就是本轮 PK 的冠军！我们将按照名次，分别加 30、20、10 分！"现场一下就被点燃了。

各组排完，决出名次后。老师接着说："好！现在请各组将卡片摞成一叠。由我随机邀请学员从中抽取一张，然后立即说出这个流程环节的关键注意事项是什么，答对了，本组加 5 分，答错了其他组各加 5 分。"现场又一次被点燃……

2．第二板斧：拔高

拔高的第一种方式是提炼，就是用最精练的语言，把最精华的部分提取出来。在上一章萃取解决方案中，我们有介绍过提炼心法口诀的方法。在拔高的部分，如果有一些总结到位的心法口诀来撑腰，将发挥画龙点睛的功效。

拔高的第二种方式是扩展。比如上演讲表达的课，在课程即将结束时，向学员推荐一些相关的书目和 APP 等资源。

第三种拔高的方式，是在最后留下一个问题，不作回答，留给学员课后思考。

3．第三板斧：带动

培训只是手段，目的是让学员在实际工作中学以致用、提升绩效。即使培训行将结束，讲师仍应继续激发学员动机，以促进学习成果的落地转化，同时使学员对后续学习产生良性期待。最后一板斧"带动"，是衔接落地转化的临门一脚。重点在于帮助学员进一步找到付诸行动的信心和决心，明确下一步任务，并获得他们的行动承诺。

这时，使学员拥有 ARCS 的"S"——满足感就显得尤为重要。凯勒针对这一点也提出了自己的策略。

当目标实现时，学员会油然而生一种强烈的成就感，由此带来的愉悦感是难以言喻的。学习最具奖励性（因而也最具激励性）的结果之一就是使用新习得的技能或知识。凯勒将此称为学习的“自然后果”。

当然，有时由于学习进程比较长或者知识应用需要特殊的情境，难以让学员快速地从“自然后果”中获得激励。这种情况下，讲师应运用“积极后果”，通过现场加分、口头表扬、评选优秀学员、颁发奖品等真实的或符号性的奖励，使学员产生满足感。对于未达成目标的学员，讲师需要引导他们做出正确的归因，引导他们从“不稳定的”和“可控的”因素中挖掘改善的可能性。比如不够努力或学习方法不正确导致没做好，那么下次还有机会干得更漂亮些。很多培训师在培训即将结束时，会邀请部分优秀学员代表上台分享他们的收获和应用所学的计划，实际的目的也在于此。

有时候，还需要设计一点具有仪式感的环节，充分发挥感性的力量来调动学员的“正能量”。比如，一次跨团队协作的专题培训中，老师在最后设计了一个集体拼图的活动。他们将一面印有公司LOGO（标志）和“We are family”（我们是一家人）字样的 KT 板切割成 200 个方块，邀请全体学员在激昂的歌声中一起动手将方块拼成完整的背景板，并在背景板上印上自己的手掌印。

依靠上面所述这些方法，我们可以对一门课程的整个教学过程，包括导入、主体和收结，进行系统化设计。再次强调，激发学员的动机并非只在导入部分引导就够，而是要像烧开水一样，贯穿全程，不时地添加柴火，直到把水烧开，并且还要持续保温才行。

4.5.4 教学方法的组合运用

至于具体的教学方法，有很多选择的余地，而且完全可以组合运用。比较经典的教法可以参考下表，有针对性地加以选择：

常见教学方法选择策略一览表

序	培训方式	说明	优势	劣势	推荐使用场景
1	课堂讲授法	以讲解、提问和回答来交流学习内容，激发员工探究和思考	应用面广，限制条件少，易掌握，可同时对多人培训	易枯燥，不生动，缺乏训练，不容易实现和学员的双向沟通	理念性知识培训，如政策、制度、计划、新产品讲解以及公司介绍等

续上表

序	培训方式	说明	优势	劣势	推荐使用场景
2	研讨法	在研讨过程中互相交流、启发，以提高研讨人员认知和能力的方法	参与度高，思维发散，活跃现场氛围，且常常能够得到意想不到的讨论结果	对于讨论过程的控制、讨论结果尤其是有争议性结果的处理要求较高	各类学员围绕特定的任务或过程独立思考、提高判断评估问题的能力及表达能力的培训
3	案例教学法	采用“案例分析”的方式，通过设置、分析、总结等系统手段实施教学，常与研讨法结合使用	侧重于培养学员的实际工作能力和解决问题能力	选用的案例需有典型性、代表性、完整性，同时要求举一反三，而且对培训师要求较高	开发分析、综合评估、适应新情况、执行业务操作等能力的培训以及职业意识典型情境下的行为训练等
4	头脑风暴法	引导每个学员围绕某个中心议题，广开言路、激发灵感，在头脑中掀起风暴，毫无顾忌、畅所欲言地发表独立见解的一种创造性教学方法	解决企业实际问题，提高培训的收益； 学员参与性强； 加深学员对问题理解程度	对培训师的引导要求较高； 培训师讲授的机会较少； 主题的挑选难度大	识别存在的问题并寻找其解决办法；识别潜在的改进机会
5	模拟培训法	将实际工作中的可利用资源、约束条件和工作过程模型化，学员在模拟的工作情境中参与活动，学习从事特定工作的行为和技能	提高学习效率，缩短知识迁移路径	模拟现实工作环境需要一定成本； 胜任实际工作需要辅以实时实地训练	适用于操作技能培训
6	角色扮演法	培训过程中让学员扮演某种特定的角色，以这种角色身份实施培训的一种培训模式	增强体验，与实际场景衔接	对角色要求明确，同时对学员契合角色的要求较高	领导行为培训，以及推销员业务培训、谈判技巧培训等
7	现场演示法	以实物、图表、视频等为工具，深入解析学习内容的方法，适合人际技能、操作技能类型培训	可帮助学员仔细观察和深入体会讲演的全部内容	演示前，需检查内容与主题相关度，并检查用具和道具，防止意外发生	新产品推广、销售技能、谈判技巧、操作技能传授等培训
8	游戏活动法	培训过程中引入游戏或竞争活动的教学方法	增强学员的主动性，帮助讲师找到与学员接近的方式，同时具有趣味性、教益性	项目选择需具备科学性、实用性、代表性，要求培训师有较强的控场能力和引导能力，游戏结束后需进行总结提炼	观念态度类型培训、开放式小组培训等

续上表

序	培训方式	说明	优势	劣势	推荐使用场景
9	工具实操法	通过训练和及时纠正等方式，对学员的行为操作进行指导，训练学员对工具的实际操作的教学方法	综合性教学，讲解形式简易，操作过程易掌控，学员参与度高	无法兼顾全体学员，且费时费力	操作类课程、业务办理等培训。尤其适合一对一的工作教导。
10	视听技术法	通过视听技术（如幻灯片、录像片、投影仪等工具）对学员进行培训	运用视觉和听觉的感知方式，直观鲜明	学员的反馈与实践差，且制作与购买的成本高，内容易过时	介绍企业市场信息，传授概念性知识等

在选择教学方法时，应重点考虑四个问题：

① 这个教学方法是否适合该部分内容的属性？能不能有效地实现教学目标？

② 是否适合学员的特质？他们会感兴趣吗？

③ 是否具有实施的条件，包括软件和硬件环境以及讲师的技能水平？

④ 是否符合投入产出比最优的原则，而不是杀鸡用牛刀？

经验较为丰富的企业培训师，会觉得从局部入手设计各个知识点的教学活动不够过瘾，他们更愿意从整体着眼，进行顶层设计。

1. 玩法一：将引导技术应用于培训课堂

前几年，随着行动学习在国内的兴起，带动了引导技术走进培训师的视野。严格讲，培训（Training）和引导（Facilitate）场景并不相同。引导假设参与者是主题专家，因而只需要通过流程将他们头脑里散乱的知识和洞见倒出来并系统化，而培训则多少假定学员在主题方面有所不足，无法仅凭陪伴和带领，还需要培训师为他们输入内容。不过，引导的一些方法在培训中用起来，却非常有效。最常在培训课堂上融合使用的引导工具有：

常用的几种引导工具

名称	简介
团队共创	由文化产业学会 (Institute of Cultural Affairs, ICA) 提出的用于迅速达成团队共识的引导技术。通过明确焦点、脑力激荡、小组分享、组合意见、全体讨论等方式，一步一步将不同的意见汇聚成为共识。每一个步骤都焦点清晰，让参与者能够集中精神参与，高效研讨
开放空间	哈里森·欧文提出的一种动态会议模式，会上每个参与者都可以在主题框架下提出自己关心的或想要解决的问题，每个人都是走动的，都可以去其他人的问题下发表看法、提供建议，对无能为力的问题也可以旁观或迅速走向下一个问题。只需要较少的规则，就能够产生丰富的想法
鱼缸会议	是一种让参与者本着合作的精神一起分享观点或信息的会议组织形式。这个过程中，有一个特定的小群体（如不止一个，轮流）被其他人观察、评价，自始至终不能发言，只能记录收到的意见，就好像鱼缸中供人观赏的金鱼，这种会议由此得名
力场分析	由美国心理学家库尔特·勒温提出，用于分析问题的实际根源，通过打破其所认为的驱动力（推动事物发生变革的力量）、制约力（试图保持原状的力量）的平衡状态，找到解决办法、提供行动参考。过程中通过对某一事件最重要的相关因素进行识别，区分正反或利弊两方面，加强正面因素、消除负面因素（即增强推动力、减少制约力），解决问题或达到目标

案例：世界咖啡② 用于中层管理培训

企友咨询为某知名物业服务企业打造的中层培养项目中，为“客户满意”的主题课题设计了一个世界咖啡形式的研讨环节。

正式研讨前的准备：

（1）学员进行跨部门混合分组，分为 5 组，确认组长、记录员各 1 名；

（2）结合调研数据 + 学员个人经验判断、头脑风暴 + 投票，选出公认的公司当前在“客户满意”方面最需要优化的 5 项短板；

（3）确认研讨议题：“我们可以采取怎样的行动措施来提升最需要优化的 5 项短板”

（4）每个小组抽选一项短板作为本组任务；

（5）宣布研讨约定：

① 聚焦主题；

② 世界咖啡由朱安妮塔•布朗和大卫•伊萨克在他们所著的《The World Café: Shaping Our Futures Through Conversations That Matter》一书中提出，其主要精神就是“跨界（Crossover）”，不同专业背景、不同职务、不同部门的一群人，针对数个主题，发表各自的见解，互相意见碰撞，激发出意想不到的创新点子。

② 开放心胸聆听与理解；

③ 尽情提出你的想法；

④ 可写可画，1 点 1 贴，组长、副组长汇总；

⑤ 铃声响，即换组（组长、副组长不动）。

然后组织世界咖啡研讨：

第一轮：

- 每组组长组织研讨：本项所需的具体行动措施（参考示例，需具备操作性，能落实到行动）
- 每人用便签记录自己提出的措施（每张 1 条），签名后交给组长
- 时长：10 分钟

第二轮：

- 组长和记录员留在本组，其他组员到隔壁组讨论隔壁组负责的问题。比如第一组的到第二组、第二组到第三组……最后一组到第一组。
- 每组组长向新来的伙伴重申本组主题、已讨论的措施，组织新的讨论，继续每张便签 1 条记录（重复的无须记录）
- 时长：8 分钟

第三轮：

- 组长和记录员保持不动，其他人继续到下一个隔壁组讨论其负责的问题。原第一组的此时从第二组到第三组，原第二组的此时从第三组到第四组……依此类推
- 组长向新来的伙伴重申本组主题、已讨论的措施，组织新的讨论，继续每张便签 1 条记录（重复的无须记录，别忘了记名）
- 时长：6 分钟

……

继续进行类似的轮换，直到所有人回到最初的座位。

最后组长带领组员对所收集的措施依据一定标准进行整理、分类，淘汰效果差、成本高的措施，针对可采取的措施进一步制定详细的行动计划。

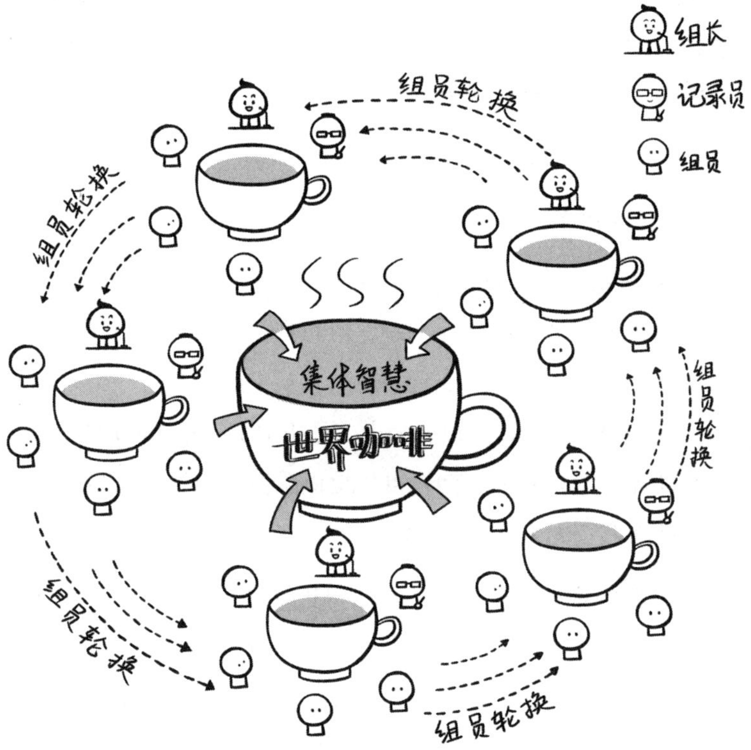

2．玩法二：利用翻转课堂，将培训扩展成 MINI 学习项目

在传统的培训中，大家的认知是“培训 = 上课”。课前无所事事，到了上课时间，所有的学员“哗”地冲进了课堂，开始接受培训。课堂结束之后，大家又“哗”地离开课堂，至于大家掌握的情况如何，大家运用得好不好，那就只能听天由命了。

这种“培训 = 上课”的培训模式，问题是显而易见的。一方面，同样的内容，同样的速度，面对不同的学员，会使他们的学习成效千差万别；另一方面，培训之后完全没有其他环节，这就导致他们在实践过程中如果遇到困难，没有人可以给予他们及时的支持。所以这种培训的效果是非常不理想的。

后来很多培训增加了训后环节。在一堂课结束之后，给学员们布置作业或任务，让他们来完成，并且由老师提供后续的指导。这样，培训的效果才得到了明显的改善。但这仍然不够，有一些老问题依旧没有得到很好的解决，这时候一种崭新的教学模式“翻转课堂”就应运而生了。

说到翻转课堂，必须提到一位知名人物——萨尔曼·可汗，他是麻省理工的双学士，哈佛的 MBA。

他年轻时受亲戚之托，通过录制教学视频并上传网络的方式教授亲戚的孩子学习，后来有越来越多的人向他求助，没想到就此一炮而红，他的教学视频顿时风靡全国。随后，他成立了非营利性的教育组织——可汗学院，专门在线上提供各门学科的教学视频，到目前为止，可汗学院已有 3500 多部教学视频，用十余种语言涵盖了众多科目，向全世界提供服务，包括中国也已经有了中文的官方网站，被人们誉为未来教育的曙光。

那么翻转课堂究竟翻转了什么呢？回想此前传统的培训，包括学校的教育，你会发现上课是用来教的，而真正的学习转化则放在了课后，这种情况导致课后大家的学习是自己完成的，没有得到及时反馈，遇到困难也无法得到很好的支持，翻转课堂恰恰颠倒了“教”和“学”的顺序，把“教学”变成“学教”，把大量要学习的知识前置于训前，而把训后的任务练习和反馈交流研讨转移到课程上进行。

案例：翻转课堂结合场景化，实施品质管理培训

“QC[③] 常用工具”这个主题对于生产制造型企业来说，简直是老生常谈。别的不说，在搜索引擎上搜索“QC 七大手法”，就能搜索到上百万条信息。这么多资料够不够用？开发这个主题的课程是不是易如反掌？网络上现成的课

③ 即质量控制（Quality Control），指为达到质量要求所采取的作业技术和活动。（MBA 智库·百科）

件已是汗牛充栋，但它们千篇一律，几乎长成一个样子。

这么成熟的课程还能玩出什么新花样来吗？能！某电子元器件全球冠军企业在企友咨询的辅导下，完全颠覆了 QC 类课程的培训模式。经过全新设计，新版的《QC 常用工具》是这样的：

《QC 常用工具》课程设计前后对比

	优化前	优化后
训前	无所事事	1. 制作《MINITAB[④]基础操作指南》《统计学基础知识》和《QC 常用工具概览》三门微课作为训前自学任务； 2. 建立班级微信群，班主任在群里跟进自学情况，并邀请老师在固定时段为学员提供辅导、答疑
训中	前言：概要介绍 手法 1 手法 2 …… 手法 7 课程总结	1. 通过一个实际案例展示了有用 QC 工具和没用 QC 工具带来的品质管理水平的显著差异； 2. 通过有奖竞答的方式，简要回顾课前自学内容； 3. 展示了质量改善全景案例的背景。该全景案例完全源自该公司以往多个实际质量改善项目。背景材料中以一些情况描述及过程数据为主； 4. 老师带领学员基于背景材料，按照 PDCA 的流程，运用 QC 常用工具，分组分阶段逐步解决问题。在过程中，老师的重点不在于知识讲授，而是聚焦问题，补充讲解要点、难点，对学员提供辅导和纠偏； 5. 各组展示最终成果，老师进行综合讲评，并展望质量管理的未来发展趋势
训后	听天由命	1. 结合本职工作，分组选择改善点，运用 QC 工具实施质量改善； 2. 一个月后全体学员回炉，分组上台呈现成果报告，分享应用心得，老师讲评总结并评出名次

各位仔细体会一下优化后的课程有什么不同。

首先，用翻转课堂的理念，实现训前、中、后的联动。训前铺垫打基础，训中重点多练习，训后实践做评估，环环相扣，一条龙下来知行合一，学了就用，主次分明讲求实效。

其次，应用了源自工作实际的全景案例，使得整个课程的场景感和工作无缝衔接，大大降低了学习和应用的难度。

再次，将 QC 常用工具放在 PDCA 循环的不同阶段中各有侧重地组合运用，

④ Minitab 软件是现代质量管理统计的领先者，全球六西格玛实施的共同语言，以无可比拟的强大功能和简易的可视化操作深受广大质量学者和统计专家的青睐。（百度百科）

一方面，比较松散的 QC 工具就被一条明确的线串了起来，便于学习和记忆；另一方面，学员在问题和任务导向下，以终为始地学习工具，而不是为了工具学工具。

最后，连接了训后的落地转化。通过在实际工作中分组实施质量改善，既实实在在提升了工作绩效，呈现了培训成果，又通过这个过程促进了学员学以致用，加深了学员对所学内容的理解。

3．玩法三：以赛代训，引进游戏化教学

有不爱学习的人，但鲜有不爱玩乐的人。有不求上进的人，但鲜有从不想赌一把输赢的人。以赛代训的游戏化教学，最大的好处是寓教于乐，让学员在不知不觉中就掌握了应知应会的知识和技能。

制度规范类的课程一贯被认为天生枯燥乏味，但有一家游戏公司却另辟蹊径，玩出了新花样。他们充分发挥自身的技术优势，将《新员工应知应会》开发成了一系列场景化微课。

当确认一位应聘者被录用后，人力资源部会推送一个账号和密码给到这位准新员工。准新员工用此账号登录系统打游戏。这个游戏类似“魂斗罗”的闯关模式，一路上不断有人冲出来问问题，比如：“请假两天需要谁批准？”如果答错了，就会被砍一刀，导致失血。新员工必须在规定时间内打完通关，才能凭电子勋章来公司报到。

游戏化后，课程可以从线下移到线上，也可以像下面这个案例一样，全程贯穿，继续保持线下的形态。

案例：PK 导向的《争上游——用简报贩卖主张》

“当当当！现在宣布竞赛规则：

一、竞赛以小组为单位进行；

二、为每组提供 100 张纸牌，竞赛中各组都有出牌和领牌的机会；

三、竞赛中的出牌机会与相应张数如下；

序号	出牌机会	张数
1	小组第一个完成任务，提交答案	3 张
2	小组答案与建议答案最相符，或评委评第一	5 张
3	……	……

四、竞赛中的领牌机会与相应张数如下；

序号	领牌机会	张数
1	小组最后一个完成任务，提交答案	1 张
2	每出现一个组员迟到或早退	2 张
3	……	……

培训结束时，剩余牌数最少的小组胜出……”

于是，一天里类似声音此起彼伏：

“出牌！我们组完成了！”

“出牌！我们组来展示！”

……

STOP！老师，不是说课程嘛？这是误入游戏现场了吧？

NO,NO,NO！这就是作者带领团队研发的版权课程《争上游——用简报贩卖主张》的课程现场。这堂课专门教授学员如何设计简报和呈现简报。

参与课程的学员在课前会收到一份《训前必读》，包括课程简介、个人准备、竞赛规则、背景材料等等。其中背景材料是一个模拟的场景：

J公司是……（虚拟企业简介）

您是J公司新上任不久的市场部经理……您了解到，在公司月例会上，通常每位部门负责人需要事先准备一份简要的PPT汇报材料，并在会上拥有15～20分钟的呈现时间。

筹备简报之前，您作了充分的准备，对部门本月目标完成情况、下月目标与计划以及当前的市场形势（后附详细资料）了然于胸。您通过市场调研分析，意识到如果能增加……将对巩固公司竞争优势，激活团队活力带来明显促进……

课中，学员除了教材，每学习完一部分简报的相关知识，就会收到一张以《训前必读》提供的材料为背景的《闯关任务》，包括：

① 简报目标

② 听众分析

③ 开场设计

……

⑬ answer first

⑭ 正确演示

⑮ 特殊听众

小组成员一起应用所学知识完成本组任务，每一次演练后都有展示和点评，且每一次任务的完成情况都有"出牌"的机会（最终剩下牌数最少的获胜）……

于是，整个课程在边学边做边赛的氛围中热烈进行，好学好玩还有奖，大家争先恐后——在某种程度上，这就是以赛促训。

课后也没有让学员闲着，有课后作业，同时附赠了推荐阅读书目。

请您参考《训前必读》手册中提供的背景材料，结合今天培训中所学的内容，设计制作一份完整的月例会简报，并于一周后提交给人力资源部。我们将对您的简报进行认真的评阅，并向您反馈建议，提供辅导……

到此为止，我们对一门课程的课题名称、教学目标、逻辑结构、内容呈现、教学方法都完成了设计，但似乎非常需要有一个整合性工具将这些元素协同匹配起来，避免它们各自为政，陷于凌乱。

《课程设计五线谱》的诞生完美地解决了这个问题。只要通过时间、内容、目的、方法、工具五条线，整门课程的设计细节便一览无余了。

课程设计五线谱

时间	内容			目的	方法	工具	
	一级	二级	三级			教	学
	休息						

4.6 开发教学材料

4.6.1 教材 =PPT 讲义吗

说到教学材料——很多人习惯称之为“课件”，不少人脑海中首先出现的就是 PPT。事实上，教材并不仅仅只有 PPT。在企业内部使用的完整课件包，除了 PPT 讲义外，还包含讲师手册、学员手册、班主任手册、评估工具和附件包。

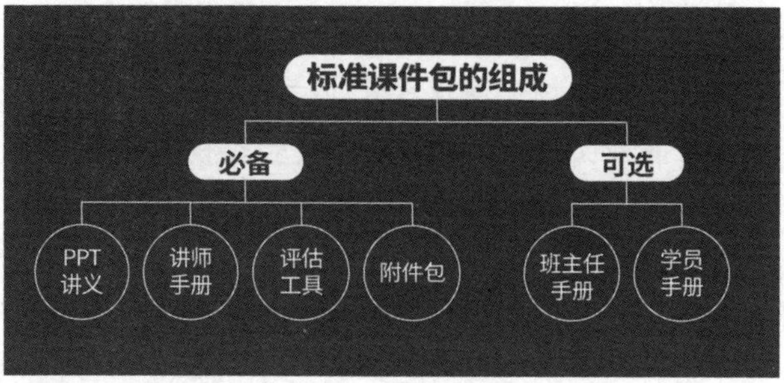

1. PPT 讲义

讲师在上课过程中用于辅助教学的 PPT 文件，一边讲课，一边播放，这是大家最熟悉的，不予赘述。

2. 讲师手册（或授课指引）

即讲师教案，整个课程每一个环节如何开展教学的一份操作指南。

比较成熟的课程，可以整合成独立文件，每一页、每一步如何展开都进行详细描述（如下表示例），但是一旦需要修改，工作量会很大。

单元目标	掌握握手的方式、次序、禁忌				
单元时间	14 分钟				
讲解纲要	场景导入、握手的次序、握手的方式、握手的禁忌				
内容 1：场景导入					
PPT	教学方式	时长（分）	要点	其他工具	阶段目标
33-34	问答判断	2	播放场景请大家判断后再给出答案	话筒	引出握手礼仪
具体操作： 播放 PPT 第 33 页 请学员回答小友这么做对不对？不对的话为什么？ 结合 PPT 动画给出答案：这么做不对，原因有些学员心里已经有数了，让我们进入第二篇“接待篇”学习握手礼仪寻找解答，播放 PPT 第 34 页 动画和讲解的配合；鼓励学员思考、回答，留下悬念，引出握手礼仪；控制时间					

迭代思维指导下开发的课程，建议简单操作，直接在 PPT 讲义每一页下方备注本页的教学简述即可，通常应包含教学时长、过程简述、重要提示、相

关工具或附件等要素，如下图所示：

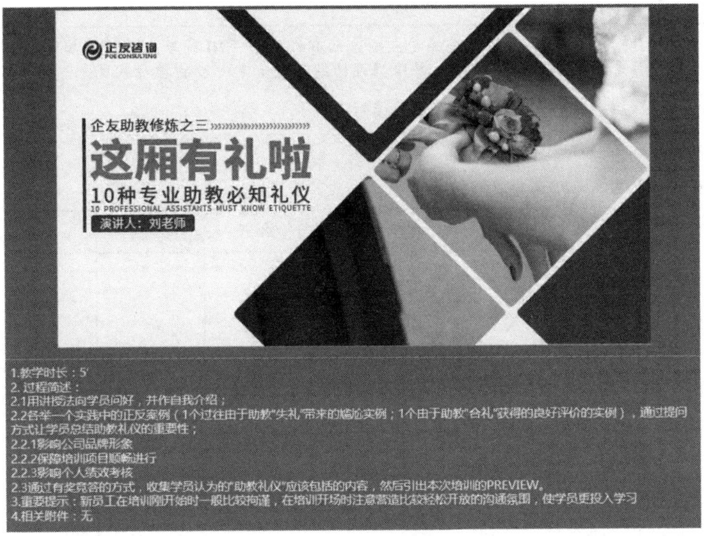

3. 评估工具

没有落地的培训都是空想，没有评估工具的落地措施都是空谈。

如果设置的评估方式是课后考试，就应该配套考题以及参考答案。

如果是实景演练，应该配套场景说明、关键点评分表等（如下表）：

<table>
<tr><th colspan="2">第三次练习：角色扮演小友与李主管交换名片</th></tr>
<tr><td>测试时间：</td><td>名片礼仪结束之后，1 分钟邀请 2 名学员示范 + 点评，1 分钟全场两人一组自行练习</td></tr>
<tr><td>操作要点：</td><td>关注演练中的要点；控制时间</td></tr>
<tr><td colspan="2">题目如下：</td></tr>
<tr><td colspan="2">场景：小友与李主管交换名片
1. 邀请 2 名学员扮演小友和李主管，交换名片，可自行添加一些合理对话
2. 现场学员点评
3. 其他人两人一组，自行演练</td></tr>
<tr><td colspan="2">演练中的观察要点：</td></tr>
<tr><td colspan="2">1. 递名片的要点
2. 接名片的要点</td></tr>
</table>

如果是行为自评，应该配套自评表以及操作说明，如下表：

<table>
<tr><td colspan="6">助教礼仪行为自检表</td></tr>
<tr><td colspan="6">本表用于被评估者在学习完《助教修炼之三：这厢有礼啦——10种专业助教必知礼仪》课程之后，在实践中评估学习者对知识的应用程度，并根据评估结果做出下一步的学习意见。
填写时间：课后1个月内，此后建议每个月填写一次
填写人员：学员自填自检
填写说明：见表后</td></tr>
<tr><th>序</th><th>类别</th><th>标准</th><th>自检评分</th><th>问题点</th><th>改善计划</th></tr>
<tr><td>1</td><td rowspan="9">通讯
礼仪</td><td>提前2天主动联系讲师和客户，且是在8:00～13:00，14:00～20:00之间，在短信之后电话确认，并使用公司模板</td><td></td><td></td><td></td></tr>
<tr><td>2</td><td>已将公司短信模板存入手机，并使用</td><td></td><td></td><td></td></tr>
<tr><td>3</td><td>联系前确认电话号码准确、称呼准确（职务就高不就低）</td><td></td><td></td><td></td></tr>
<tr><td>4</td><td>需要回复短信时及时回复（看到短信立即回复）</td><td></td><td></td><td></td></tr>
<tr><td rowspan="5">5</td><td>打电话时：</td><td rowspan="5"></td><td rowspan="5"></td><td rowspan="5"></td></tr>
<tr><td>•提前理清思路、不做其他事项</td></tr>
<tr><td>•备好纸笔以便必要的记录</td></tr>
<tr><td>•全程坐直/站直、微笑</td></tr>
<tr><td>•对方先挂电话</td></tr>
<tr><td colspan="6">……</td></tr>
</table>

4．附件包

主要是指教学过程中涉及的音乐、视频、案例散页、道具等配套文件或物品。建议按使用顺序编号。

此外，还有两类材料可以作为课件包的补充：

一是学员手册：也就是发给学员的学习资料，用来上课记笔记和课后温习。目前大家最常见、最简易操作的，是直接在老师的PPT讲义基础上进行编辑加工。

另一个是班主任手册：发给培训组织者使用的，包括场地及物资准备、过程中每一环节配合的需求等等，建议也整理成一个文档方便使用。

4.6.2　PPT 课件上应该放哪些内容

PPT，“大名”PowerPoint。物如其名，最开始被创造出来，就是为了帮助人们更有 power 地表达 point，更好地去表达自己的观点。可惜有些 PPT 打开就是满屏文字，连观点都找不着——那根本不叫 PowerPoint，而是“PPword”。

一份高品质的 PPT，应该内涵与颜值兼备，是一种结构化思考、形象化表达的产物，能够做到“用逻辑说服你，用情感打动你”。

要做到“结构化思考”，实现“用逻辑说服你”，依靠的是内容本身以及呈现的条理性。首先要考虑的问题是如何把设计好的内容清楚地呈现在 PPT 上。

有哪些内容应该放在 PPT 讲义上呢？主要应包括内容纲要、关键知识、视觉内容、易错信息，用一棵树来比喻，就是要有枝干、有果实、有树叶。

1. 内容纲要

内容纲要可以理解为课程的三级大纲。

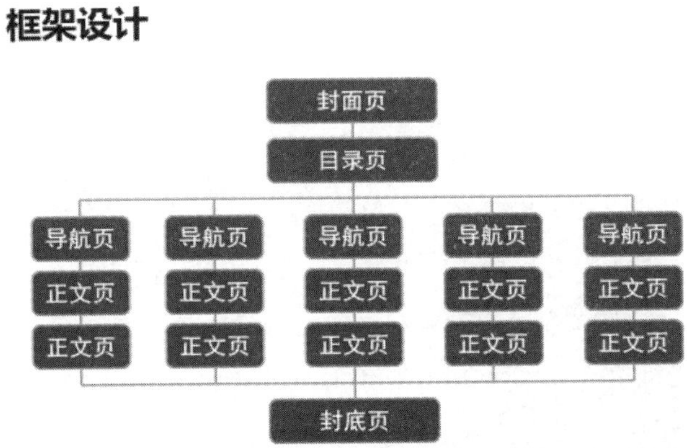

如上图所示，在完整的 PPT 课件框架里，至少包括几个要素：

（1）封面页

PPT没有封面，如同店铺没有门面。封面页为主呈现PPT的主题，比如课题、副标题。同时，附上公司标志，主题图片和版本等附加信息。如下图所示：

（2）目录页

本书前文建议课程开场使用“PIP三要素”，一级目录就起到了Preview（预览）的作用。

特别提醒：通常二、三级目录也要体现在PPT上，并且各级目录的形式要有明显区别。同时，类似“导入”“引言”“总结”“结语”等并不需要放在目录里。

目录的形式可以分为常规型、创意型。

常规型：

创意型：

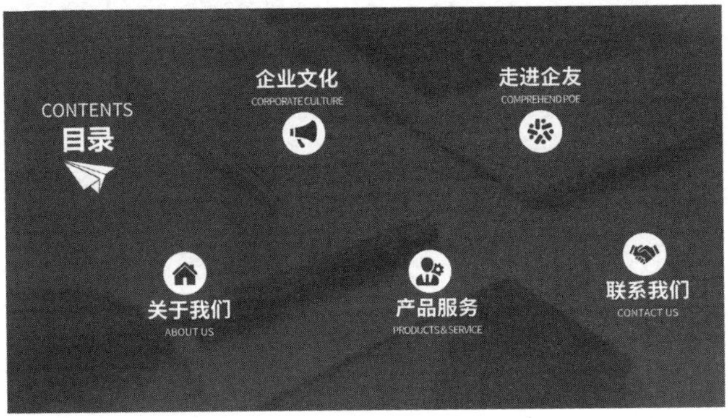

（3）导航页

大家都知道车载导航的功能是知道自己正在何方、如何去向目的地，导航页的功能也是如此：让讲师和学员知道讲到哪了，接下来会讲什么。

导航页通常有两种：

① 直接用目录做成导航

这里要注意：当前所处的章节标题，要以不同的形式跟其他章节标题区分开。常见两种形式：

一是色彩对比，将要讲述的部分与其他部分的颜色区隔开来，如：

二是大小对比，顾名思义就是将该部分内容做放大处理，相比较于其他部分能够更好地刺激眼球。

② 直接将要讲到的章节单独做一页。如：

这种导航页的好处是不同章节之间的隔断效果非常明显，单独章节内容非常突出。同时也有一个缺点：没法呈现整个框架，容易导致学员“迷失”。

（4）正文页

主要内容的页面。就课件 PPT 而言，即梳理出来的课程内容。页面标题是本页内容的概括，体现的是知识点，后文会详细讲述，特别建议大家使用幻灯片编号。

（5）封底页

所谓“有头有尾”，封底页也是必需的。除了表达祝愿、致谢以及联系信息之外，还要注意跟封面页相呼应，比如用同一系列的图片等。

以上这些都是展现 PPT 框架的要素。同样的内容，经过结构化的框架，表达出来的说服力将会大大提升。

2．关键知识

还记得上一章说到《经验萃取表》时总结的 4 个点吗？它们是智慧萃取的结晶、课程内容的核心，好比树上结出的硕果，是课件上最该呈现的主体内容。再回顾一下，它们分别是：

- 基本点：基本流程步骤
- 关键点：操作要领与要领的理由
- 问题点：新手常犯的错误
- 变化点：例外情况处理和出错后的补救措施

3．视觉内容

还记得“比例图”中的“图”——视觉化吗？视频、图片、图标、颜色……所谓“视觉化”，是将抽象的事物用人眼可见的方式表达出来，通过视觉刺激加深人们的印象和理解。

4. 易错信息

主要指的是那些只靠听会容易听错或者不容易听明白的重要内容。

比如同音、近音的内容：

这东西治癌。

这东西致癌。

左边两句话说出来发音完全一样，意思却完全相反。

又比如英文、英文缩写、专业术语，尤其是给非专业人士讲授专业内容的时候尤其要注意。

不信试试给身边的人“听写”电力的一些专业术语：基尔霍夫电流方程、节点方程、导纳矩阵……

非专业人士一定云里雾里，仿佛在听天书一样。

类似以上的内容，如果放在 PPT 上让大家看到，肯定比纯粹依靠听力要靠谱得多。

有了以上的内容纲要、关键知识、视觉内容、易错信息，PPT 讲义就能实现视觉辅助的功能需要，不论对于企业培训师授课还是学员听课，都能发挥良好的作用。

至此，结构化思考做好了，内容也都誊上去了，是不是 PPT 课件就算做好了呢？

来看一张 PPT 页面感受一下：

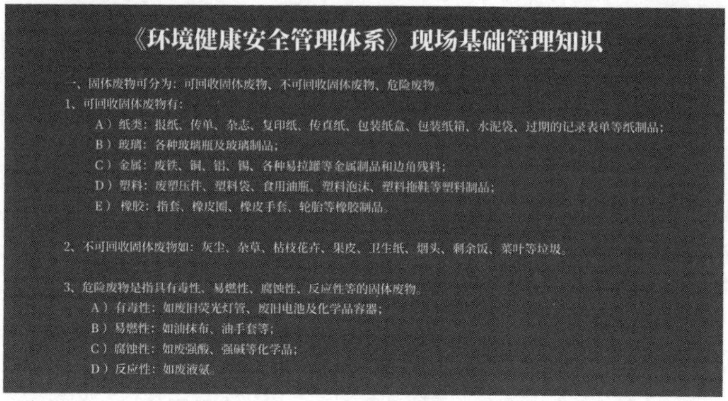

满分 10 分，大家愿意给这样的 PPT 打几分？

这样的 PPT 在“颜值”上就是个“路人甲”，很难获得学员青睐。

PPT 之所以能代替 Word 等办公软件成为最受欢迎的呈现工具，因为它具有更强的表现力，同时，它的“颜值”上限也远远高于其他。

现实生活中，大众脸化妆化得好，照样会让人“路转粉”，PPT 也是这样，而且美化过程跟人化妆差不多，也是先整体清洁、护肤、上底妆，然后再局部修补精雕。

怎么把这个披着 PPT 外衣的 Word（姑且称之为“PPWord”）美化成真正的 PPT 呢？就以这张“路人”PPT 为例，来见证奇迹出现的时刻吧！

4.6.3 “PPWord”如何“进化”为 PPT

PPT 是可视化、形象化、生动化的演示工具。对于 PPTer，“字不如表，表不如图”是每个人都可以脱口而出的关键要领。这里推荐一个 Word“变身”PPT 的五步法：拆、分、删、调、美。前四步是对文字内容进一步加工，最后一步是“美化”页面。

1．拆

拆就是拆页。一个页面内文字太多时，首先要确认它们是否都在讲同一个主题，如果包含了若干个主题，就先把每个小主题拆分成一个页面，确保每页有且仅有一个主题。

看看下面这个页面中有几个主题？

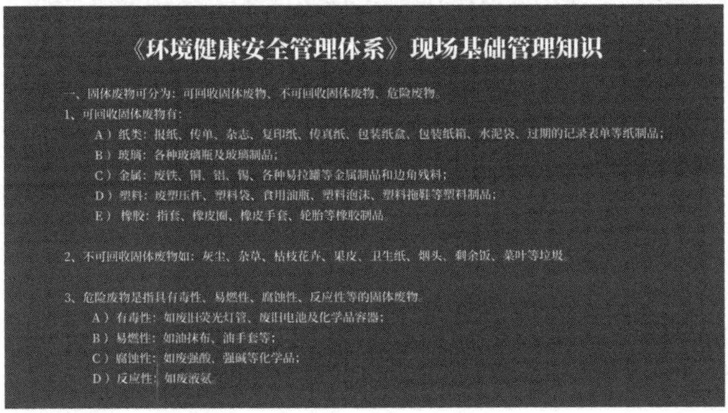

至少有 4 个主题：固体废物总体分类、可回收固体废物、不可回收固体废物、危险废物。因此，本页至少可以拆成 4 张 PPT。拆分时注意 2 个细节：

（1）页标题应是本页主题

好的页标题，应当是看见它就知道这一页要讲的内容。如上述案例中的当前标题明显是章节乃至课程主题，改为“固体废物分类”更合适。

（2）标题长度适中

标题尽量不折行，实在需要折行也应注意不将同一个词语拆分到不同行。假设当前页面标题正确且必须分行，那么应当将“知识”整个词组分到第二行，而不应将其拆开。

2．分

分，即分点。PPT 课件呈现的是 point，要尽量避免整段的文字，即确保每一页都只有一个主题之后，再将页面内的文字进行分段、分点。

以案例页面拆出的第一页为例，可以这样进行分段、分点：

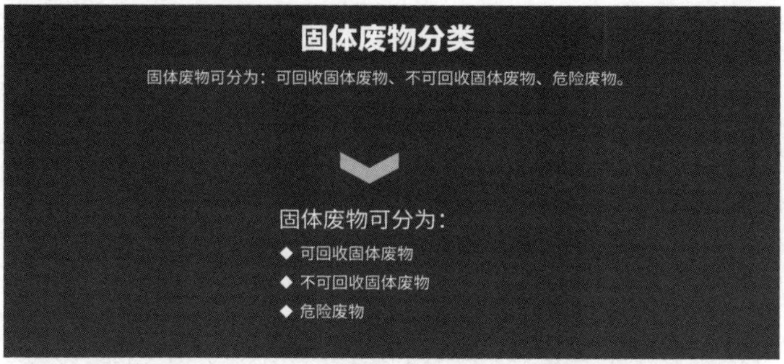

分点后，能够让学员一眼把握关键信息，有利于降低学习的负担。

3．删

删，就是对内容做减法，只保留关键内容。课件 PPT 上每一寸空间都是宝贵的，呈现的每一个素材都应当有助于 point 更 power，所以能删的内容都不要手软。就好比园丁修剪树木，去掉杂余枝叶，造型就会更加一目了然。以下 5 类内容如无必要，均可删除：

1 与主题无关的内容：删除后不影响主题表达的内容

2 原由性说明文字：比如“因为”“由于”“基于”等，只保留结果性文字

3 解释性内容：常见于冒号后、括号中的用于备注、补充或者展开的文字（特别重要的除外）

4 重复性内容：重复出现的内容

5 无实际含义的词语和标点：常见的有介词、助词、连词、叹词、标点等

回到刚才的案例中，看似很简洁的页面中，还有哪些内容可以删减呢？

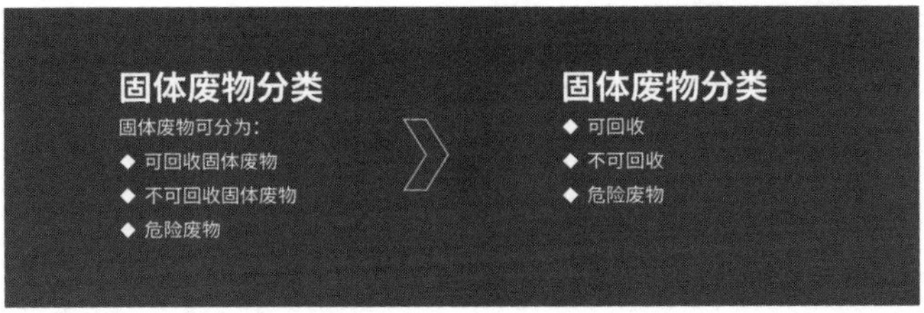

“固体废物可分为：”以及两点后面的“固体废物”和页标题重复，均可以删除。剩下的内容是不是更清爽了？既可以表达清楚，又十分简洁，便于后面的设计呈现。

4．调

这一步为主是对内容进行整理、提炼和优化。检查删减完的内容，逻辑衔接、文字流畅性等是否存在瑕疵，有些内容是否可以归类后，适当调整使表述更加工整、简洁和准确。

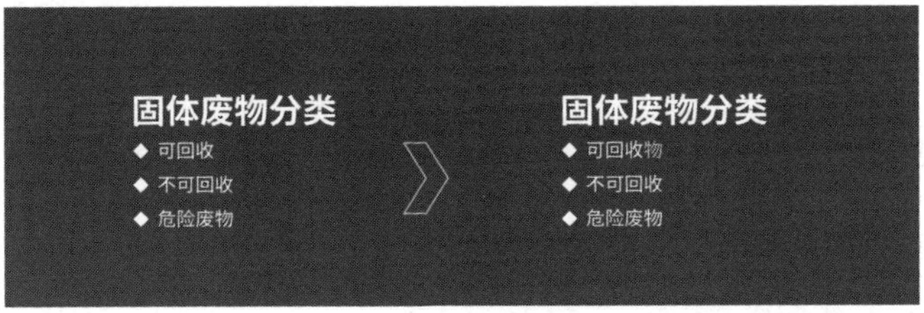

5．美

完成拆、分、删、调 4 个步骤，Word 变身 PPT 的长征已经走完一大半，剩下无外乎是版面美化的工作。先来看这一个美化案例：

再重新回头对比一下刚开始的页面，是不是完全“改头换面”？页面明显变得更加简洁、美观，更容易阅读、理解和记忆了。

这最后一步“美”，难住了不少人：怎么才能实现质的飞跃，让人“路转粉”呢？是不是要掌握很多的 PPT 操作技能？是不是得花费大量精力？

确实，有些神级 PPT 的实现像化精致妆容一样费时费力，不过就像并不需要每天顶着舞台妆上班一样，课件 PPT 的绝大部分页面平时达到“常规妆容”的水平足矣，大家掌握“美化四大招”就能搞定：科学排版、高可视化、精确协同、全面降噪。

（1）科学排版

美国设计师 Robin Williams 曾在他的著作中，将排版技巧归纳总结为四个原则：对比、重复、对齐和亲密。这四大原则同样适用于 PPT 的排版。

① 对比

常见的对比方式有大小对比、颜色对比、粗细对比等。

A. 大小对比

将重要元素放大、次要元素缩小，就形成了大小的对比，这是最常用、最明显也最容易产生强调效果的排版方法。如：

此页面中要重点展示的信息是项目超过 800 个，因此将 800+ 做放大处理，

观众第一眼就自然而然地落到了这个信息上。借由重点信息，视觉又被引导到项目的解释说明上，画面的层次感更强，信息接收也更直接。

B. 颜色对比

颜色的对比可以突出重点、区分信息、增加美感，同时也能增强画面的活力。色差越大，对比效果越明显。不好“色”的设计师不是好设计师。需要特别注意的是颜色也是有情感的，比如红色、橙色等暖色调通常表示热情、欢快，蓝色、绿色等冷色调通常表达冷静、平和。同时，亮色调一般容易抓人眼球，适合突出重点内容。

颜色的运用不可过于随心所欲，要牢记“简约是一种更极致的美”。企业内部课件，通常会以企业的 logo 色作为主色调，为了美观而又不花哨，建议除了黑白灰以外的色彩不要超过 3 种。

C. 粗细对比

这种对比多见于同类型的字体，通过粗细的对比区分信息，有效地引导视觉重心。如：

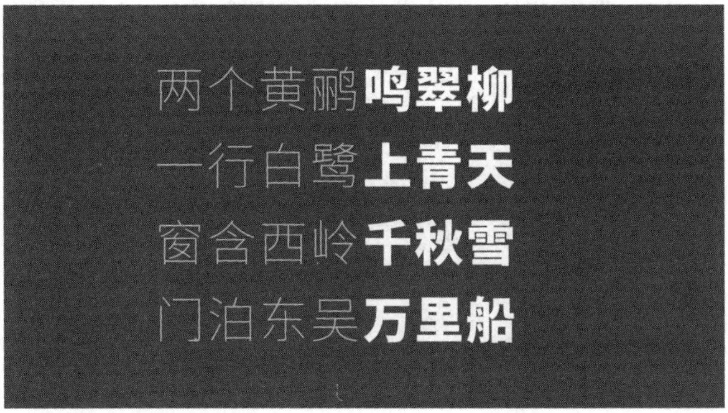

粗细的变化带来了明显的不同，对比产生视觉重心，眼神自然而然地被粗字体所吸引，而后又能自然地转移到前面细字体的部分。

以上 3 种对比方式可以叠加使用，加强对比效果。

对比的作用主要是两个：一是确保内容看得清，二是突出重点。

A. 确保内容看得清

PPT 课件最重要的原则，就是得保证“看得清”，这是一切 PPT 能发挥作用的前提。试想一张 PPT 再好看，上课时学员却根本看不清，那还有什么存在的价值呢？

想让学员看得清，首先要做好背景和内容的对比。

通常背景建议用纯色背景，内容只要和背景的色差较大，就容易形成对比的效果。以文字为例，可以是浅底深字，也可以是深底浅字。

如果需要用图片做背景，也可以通过一些方式营造接近纯色的效果：建议优先选用有大片纯色背景的图片，内容可以放在空白处；若需用画面较满的图做背景，建议做一些处理，比如覆盖一个长方形，通过调节透明度达到蒙版效果。（特别提醒：使用和主题相关的图，否则宁可无图。）

能否“看得清”与文字的处理也有着密切的关系。

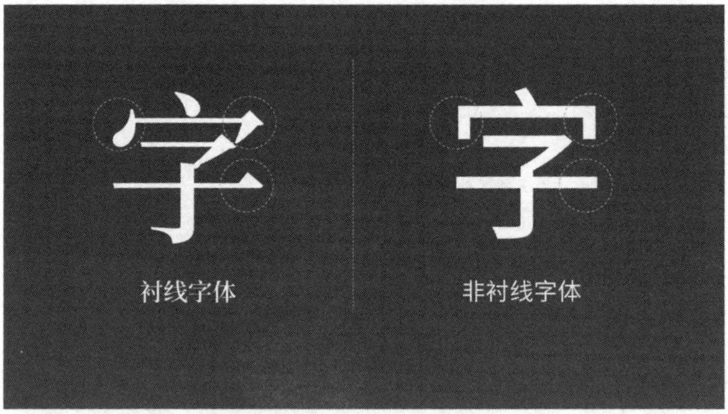

一是字体：非衬线字体比衬线字体更容易看得清。

字体比较常见的有衬线字体及非衬线字体。衬线字体是在字的笔画开始、结束的地方有额外的装饰，而且笔画的粗细有所不同，比如宋体等。非衬线字体即字的笔画没有额外的装饰，而且笔画的粗细差不多，如微软雅黑、黑体等。

建议课件正文的内容统一使用非衬线字体，因为在 PPT 播放状态下，同等字号的两种字体作对比，非衬线字体明显比衬线字体更容易看清楚。

当然，一些内容足够少、可以放大字号的页面也可以使用衬线字体。

当需要对部分文字进行强调时，建议使用加粗或变色来强调，不建议使用斜体、阴影和下划线，因为它们主要是装饰功能，而不是强调功能，用了它们反而使内容更不容易看清楚。

二是字号：字号大的比字号小的更容易看得清。

考虑到 PPT 的投影展示，参考的常规标准是页面标题字号 28 ～ 36 号，正文字号 18 ～ 24 号，标注类文字可以用 16 号。小于 14 号的文字通常会影响到后排学员的观看，不建议使用。

三是行间距：行间距大的比行间距小的更容易看得清。

推荐使用 1.2 ～ 1.5 倍行间距，避免段落密密麻麻，看起来也不会累。

B. 突出重点内容

以下页面中，你第一眼被哪个内容吸引呢？

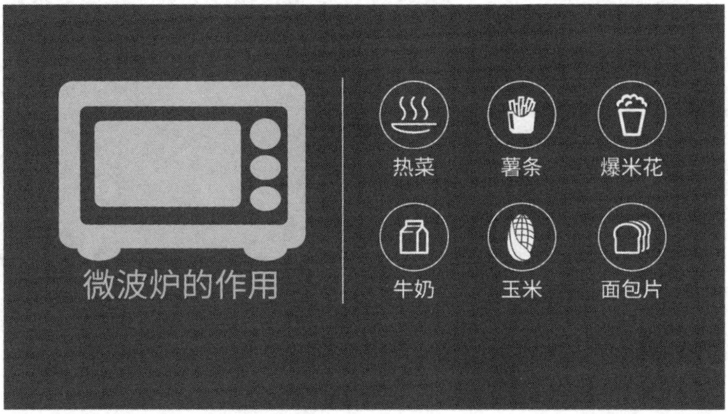

显然是左侧的微波炉图标和底下的文字描述。为什么呢？

微波炉的图标在页面中占据着最大的空间，相比于右侧 6 个大小一致的图标及文字说明，视觉重量更大，因而视觉最容易被其以及底下的文字说明吸引，然后再被引导至右侧的内容。

这就是通过对比突出重点，会使页面更灵动活跃、信息的结构更清晰。

② 重复

重复的力量是巨大的。当年马丁·路德·金通过不断地重复“I have a dream”，让全世界都记住了这么一句话，也让这篇演讲成为举世经典。同样，重复的原则在 PPT 课件设计中也大有用处。

PPT 中的重复有两层意思：

一是 PPT 整体风格的重复。整个课件使用统一的 PPT 模板，同一级别的内容字体、字号、颜色、图案、版式、动画等在不同页面的重复，使得课件看起来整体性更强。

二是元素的重复。同一页面，某个元素的重复出现可以让层级感更强，元素之间的层级关系更加分明，也能使画面更具美感和张力。如：

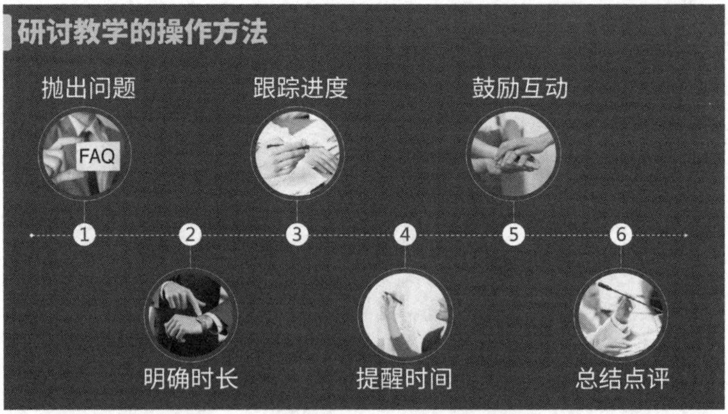

此页面中通过序号以及圆形线框的重复出现，使得整体的层级关系分明、

画面逻辑通畅，6 个步骤一目了然，同时画面也更具视觉张力。

③ 对齐

以下这张 PPT，大家愿意给几分？

同样的元素，如果是以下这样的页面，是否愿意给出更高分？

主要“秘诀”就在于做好了对齐。

对齐是 PPT 设计的基础，目的在于让页面保持统一且富有条理。掌握了对齐，可以说已经掌握了排版设计 80% 技巧了。PPT 设计常见的对齐方式有左对齐、居中对齐和右对齐。

A. 左对齐

由于符合当代人从左往右的阅读习惯，左对齐是被应用得最频繁的对齐方式，被广泛运用于网页、手机、印刷品等阅读物的呈现上。PPT 设计中，尤其页面有较多文字时一般建议采用左对齐。

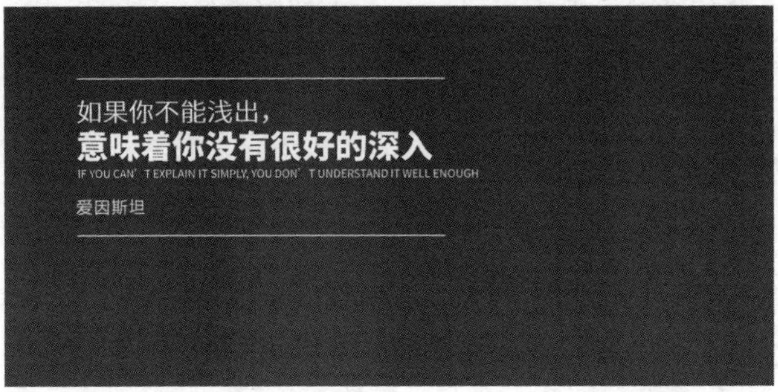

本页中，将所有的元素左对齐，视觉就会潜意识中在左侧画出一条线，元素都向左靠在这条线上。这样的对齐方式给人一种简洁大方的视觉感受。

B. 居中对齐

很多设计新手喜欢使用居中对齐的方式对元素进行排版，认为这样的对齐方式不会出错。但如果排版设计的是大段文字，这样的做法并不适合。

居中对齐的意义在于可以快速地获取信息，两侧留白部分多，可以一眼捕获关键字词，因而适合于文字信息较少时使用。比如下面这两张图：

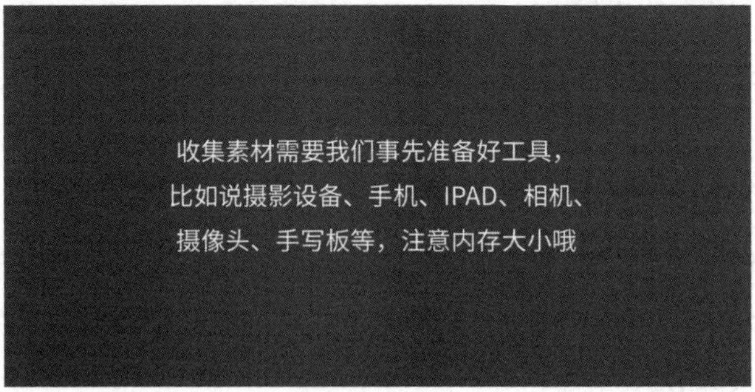

第一张图中文字较多，居中对齐看起来并不美观，重点也不突出；而第二张图是将文字做了删减，提取出关键文字，为文字添加图标来辅助解释，同样使用居中对齐，则要美观大方得多，而且一眼就可以捕捉到关键信息。

C. 右对齐

右对齐有悖于常规阅读习惯，使用的场景相对较少，在页面中有大段文字或者信息比较密集时尤其不建议使用。不过，也正是由于使用得少，所以右对齐常常显得更有设计感。恰到好处的右对齐在调节版式上可以起到画龙点睛的作用，着实更能吸引眼球。如：

再补充一个小知识点：在实际的 PPT 设计中，由于使用的字体不同或者元素的类型较多，可能会出现使用对齐命令无法实现视觉上对齐的情况，怎么办？

推荐使用以下方法：打开 PPT 的“视图”，勾选【参考线】，然后将参考线拖移到与其中一个元素对齐，再对未能对齐的元素使用“Ctrl+ 上下左右键”进行微调，即可实现视觉上的对齐。

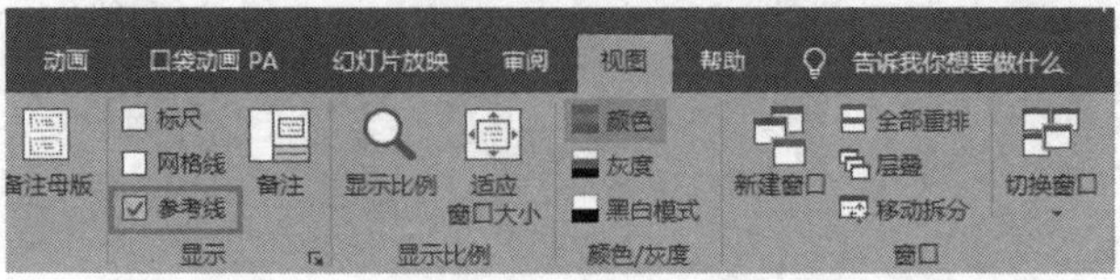

④ 亲密

在街上看到两个人一前一后地走着，不好准确判断他们的关系，有可能两个人互不认识，也可能认识只是后面的人落后几步；如果看到街上两个人手挽着手一起走，则通常可以判断出他们关系亲密。“亲密”原则的关键点就是距离：近同类、远异类。

在 PPT 设计中，将同类、相关的元素放在一起，位置近则关系亲密，位置远则关系疏远，使页面元素形成各个视觉单元，可以让页面变得井井有条，也更便于理解和记忆。这就是亲密原则，尤其页面内元素、内容较多时更要注意使用。

来看个例子：

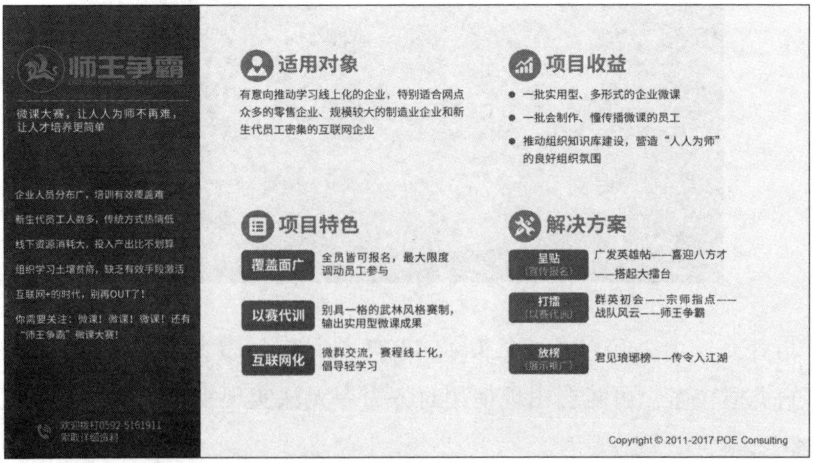

如上图所示，通过亲密原则的运用，可将版面划分为两大板块五个小块，信息编排设置清晰，一眼就能看清楚设计的内在逻辑。

通过对比、重复、对齐、亲密的科学排版设计，PPT 的整体页面就显得十分整洁有序、逻辑清晰了。

（2）高可视化

这是 PPT“形象化表达”最重要的一招。前文已经详细介绍了“如何通过视觉化给学员创造更丰富的体验”，进而提升教学效果，并通过案例分享了视觉化的方式方法。在课件 PPT 上，能够呈现的视觉化元素主要包括：视频、图片、图标、图表、图形、颜色等，在使用中分别有一些注意事项。

使用任何视觉化元素时都请先铭记一句话：有关才用，无关不用——所有的素材都应与主题相关，否则再好看做的都是无用功。

① 视频

视频不仅刺激视觉，还同步刺激听觉，是非常好用的一种素材。如果上课跟看电影似的，老师轻松，学员也喜欢。随着互联网的发展，视频素材的获取途径十分丰富：热门新闻、影视作品、综艺节目、专家课程……找不到现成的还可以原创拍摄。

就现场授课而言，视频的使用有几个细节要注意：

A. 画面清晰、稳定，有字幕更佳

还记得课件 PPT 最重要的原则是什么吗？看得清！视频所选用素材也是一样的要求。

B. 单次播放建议不超过 3 分钟

常言道“过犹不及”，视频素材固然很好，太长了也会审美疲劳——想想那些年你看过的视频课程吧。

通常建议单次视频播放在 3 分钟以内，较长的可以剪辑后再使用，或者分段播放（播放中途暂停，讲解完一段再继续播放下一段）。

C. 插入 PPT 中

使用超链接是不少人使用视频素材时常用的方式，但有几点不便之处：一是必须用鼠标操作打开播放器，二是如果视频文件的位置发生变动，链接就会失效。其实 PPT 中可以通过“插入”窗口将视频直接插入 PPT 页面中，翻页笔就能控制播放，还能直接在其中剪辑视频，非常方便。

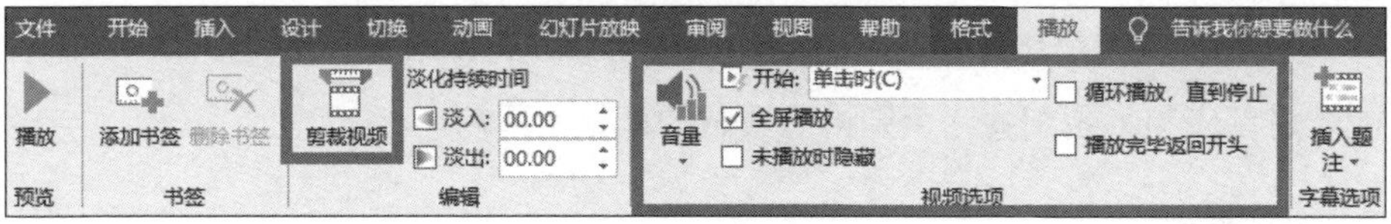

如果视频文件太大，电脑的配置又较低，直接插入视频文件可能导致卡壳。这种情况建议还是采用超链接。

② 图片

图片是最常使用的视觉化元素之一，备受 PPT 设计者们推崇，因为“一图胜过千言万语”。

比如要以“一对夫妻同时看到美女迎面走来，妻子注意美女的衣着打扮，而丈夫则注意美女的身材”为例，说明不同角色的人看问题的角度不同，如果能直接展示下面这张图，比说得天花乱坠要直观得多。

如今图片的获取也很容易，网络搜图、页面截图、自行拍照，甚至自行手绘，像本书中的插图就全部由企友咨询的动漫师原创。

课件 PPT 上的图片使用应注意以下几点：

A. 画质清晰

如果图片较为模糊，可考虑两种用法：一是作为页面背景，虚化或加蒙版；二是缩小图片使用。如都不合适，可尝试通过百度识图等工具搜索出清晰度更高的相同或相似图片。

B. 风格一致

一方面和 PPT 的整体风格一致，另一方面和整个页面乃至课件使用的图片的风格保持一致。比如同一个页面放置的图片一张是商务风，另外一张是扁平风格，就会显得有些奇怪；反之，两张商务风的图片放在一起，看上去就协调得多。

C. 适当裁剪

有时候找到的图片只有一部分契合主题，就应当将多余部分进行裁剪。PPT 还提供了按形状裁剪的功能，可以将图片裁剪成各种想要的形状。

D. 去除水印

水印在图片边缘的可考虑直接裁剪，在其他位置的可使用 PS 软件处理，还可以通过百度识图等工具搜索出相同或相似的无水印图片。

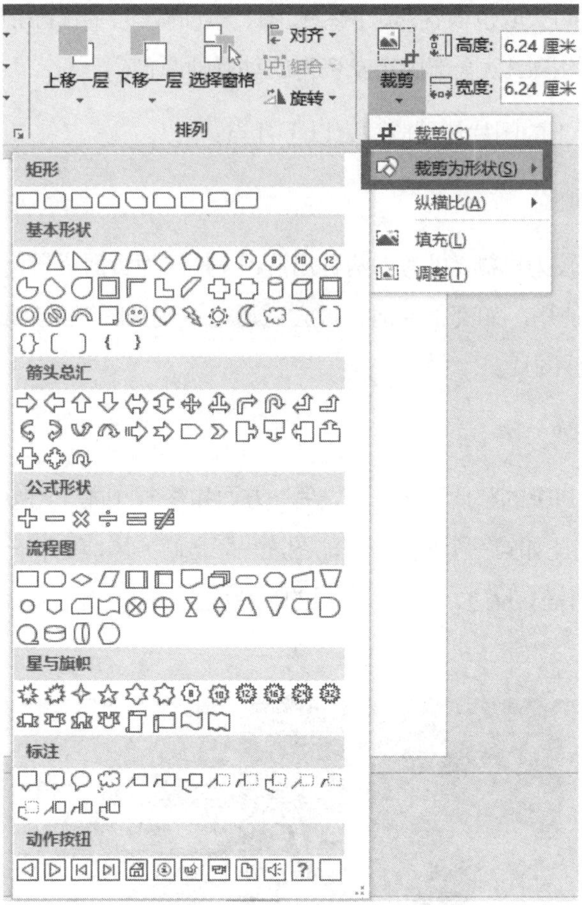

E. 注意版权

使用图片（尤其商业应用时）应注意是否有版权声明，以免埋下隐患，引起法律纠纷。

③ 图标

在 PPT 中使用图标，可以更形象地传达内容的含义，让整个页面看起来有设计感。它的直观、简洁、易搭配等优点颇受一些设计者喜爱。目前已有不少网站能够下载到高质量的图标，使用的注意事项和图片有些相似：

A. 图文相符

图标和内容应保持一致。和内容无关或者关系牵强的图标会干扰表达，让人一头雾水，含义相反的图标更会直接起反效果。比如明明是业绩提升，却配一个箭头向下的图标；明明是好事，却配一个哭脸；明明要向左，却配一个禁左的标志……人对图比对文字敏感，首先摄取的一定是图标的信息，配错图标还不如不配图标。

B. 风格一致

和图片类似，图标也应符合课件 PPT 的整体风格，比如扁平化风格的 PPT 就用扁平化的图标，而不用立体风格图标。

④ 图表

PPT 的“插入”窗口中有插入图表的功能，也可以在 Excel 里或者一些图表网站上生成图表后粘贴到 PPT 中，还可以用图形等自行绘制。

使用图表的过程中要注意：

A. 关系匹配

通常图表的类型分为几种，使用前应先确认所要呈现的内容适用于哪种相对关系，比如：

- 构成：各部分在整体中的比重
- 排序：不同元素的排序
- 相关：两种可变因素之间的关系
- 分布：一定区域 / 区间……中的数量分布
- 趋势：是一定时间内的变化

再选择适合的图表，如：

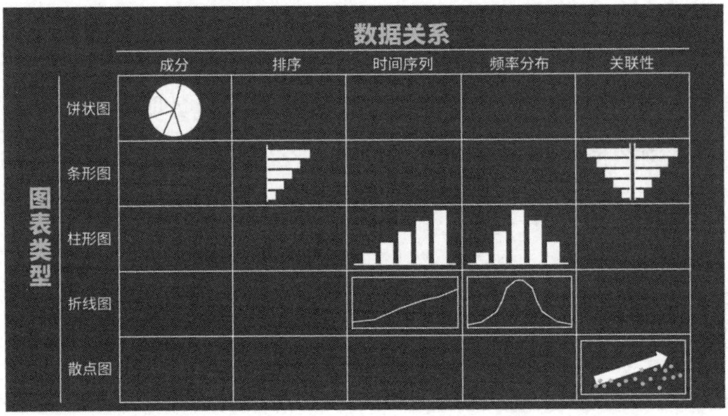

B. 细节提醒

如果将以下这段文字改编成一页图表形式的 PPT，大家会怎么做？

根据 2021 年 4 月《×× 经济》杂志披露，A 系列产品的市场占有率五年来持续攀升，2016 年为 19%，2017 年为 25%，2018 年为 25%，2019 年为 29%，2020 年为 34%，预计 2021 年将创下历史新高，达到 39%。

下面提供示例供各位参考。

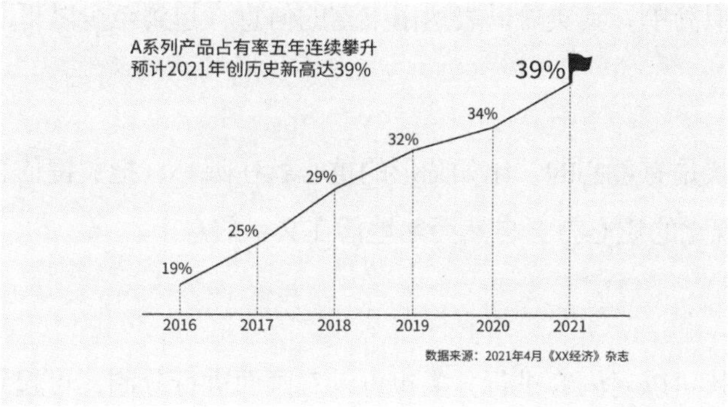

其中有几个关键点：

- 标题：是对数据的理解、要用数据说明的结论等，而非“XX 图”；
- 突出重点内容：比如用红色、更大的字体、小红旗等突出 39% 这个重点；
- 去掉不重要元素：如纵轴、背景网格、图例等非关键信息，使图表更简洁、重点更突出；
- 标注来源：赋予数据可信度，并可复查。

⑤ 图形

图形也是可视化的一种重要元素，尤其在没有合适的视频、图片或图标，又不适用图表的时候，就可以考虑用图形来呈现内容。

以下案例中，仅仅用了大小圆形，就比纯文字生动、明了许多：

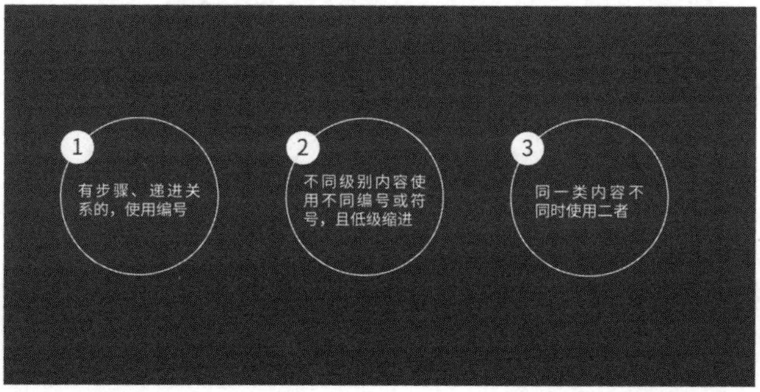

图形看似简单，其实可以表达出丰富的信息，起到至少以下四个作用：

A. 聚焦

几何形状是有重心的，比如圆形的重心就在圆心，把关键信息与圆形居中对齐，观众视觉的重心就会自然而然地落在文字信息上。

B. 引导

几何形状可以对内容进行分类也可以对画面进行分割，可起到视觉引导的作用。

C. 美化

通过相同的几何形状的重复出现，即使 PPT 页面中的文字字数不同，同样可以保持版面的整齐、统一。

D. 逻辑梳理

使用几何形状更方便于传递内容之间的关系，使逻辑更加一目了然。

PPT 中可自由插入各种各样的图形，还能够插入 Smart Art 图形省去一些逻辑呈现的时间（Tips 小贴士：Smart Art 图形“取消组合”之后就可以成为组合图形，再次“取消组合”就能成为独立图形群，可以自由编辑）。

下面让我们一起做个小练习：如何快速将左侧文字做成右侧的图形？

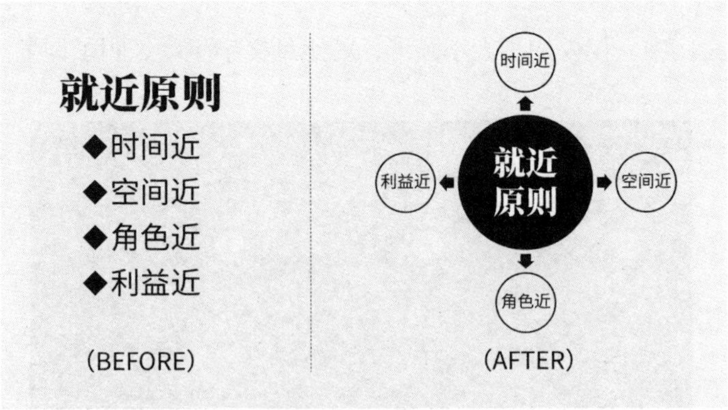

可以通过“插入”窗口插入相应的 Smart Art 图形，速度会比自己一步一步操作快很多。

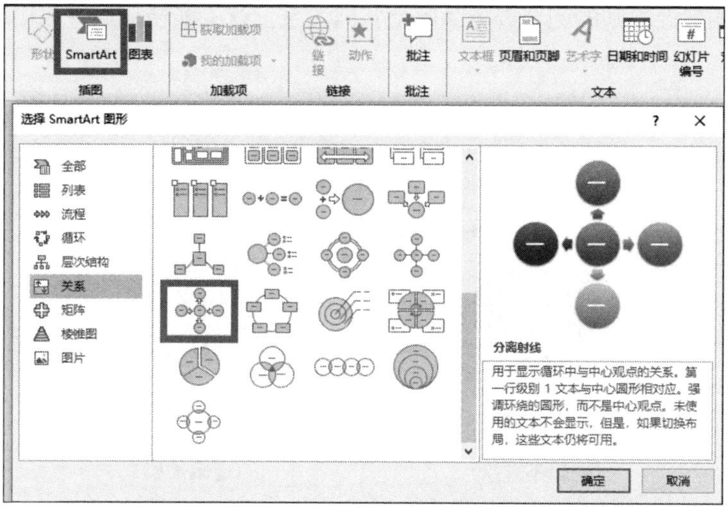

更快的方式是，设置好文字内容层级，“转换为 SMART”。

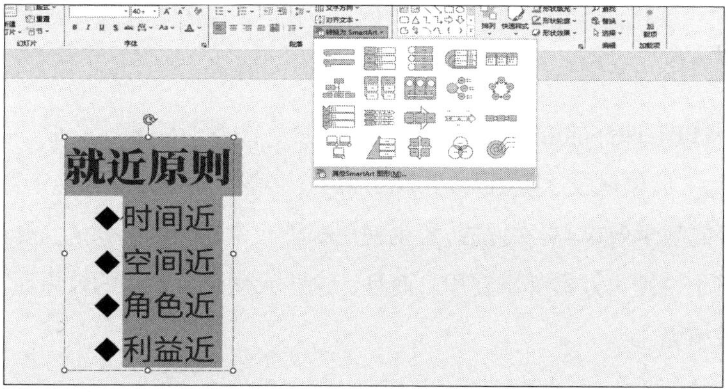

图形的类别很多，通过编辑顶点、布尔运算等操作，图形还有更多更丰富的“玩法”，在此不一一赘述，只提醒图形使用要注意以下两点：

形状对应

比如表示方向或趋势，应使用各类箭头或者三角形等，且尖头方向应对准所表示的方向。

逻辑准确

比如就近原则的四个要素之间是并列关系，就不能使用递进或循环关系的图形。

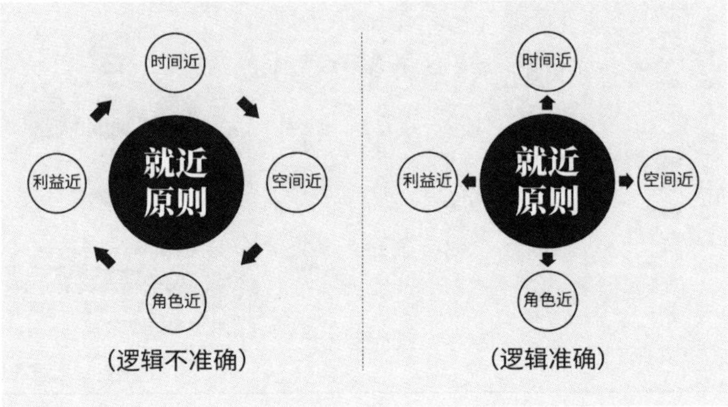

⑥ 颜色

上述可视化元素中，都少不了颜色的应用。颜色通常不会单独呈现，而是和其他视觉化元素相结合。请记住，颜色是有“情绪”的，也不适合使用过多。

如果 PPT 课件能够妥善使用视频、图片、图标、图表、图形、颜色等视觉化元素，“形象化表达”便已经实现了大半，必然能够为学员创造丰富的体验，实现较好的教学效果。再次提醒，不论使用哪种元素，都应确保和主题内容相关、含义相符，否则再好看都不要用。而且，这些元素组合使用的效果通常比单一使用的效果更佳。

（3）演示协同

课件 PPT 是为企业培训师授课服务的，呈现的内容应当和讲解的内容保持高度一致。“演示协同”这一招主要应做到 PPT 页面的切换、动画设置恰当，讲到什么内容出现什么内容，尤其在页面内容较多时，建议讲完一项再出现下一项，这样学员也更容易跟上讲师的思路。

课件 PPT 中动画的主要作用是逻辑引导（如果还能通过动画的刺激产生情感共鸣当然更好），并不需要特别酷炫，一切以授课需要为前提，要注意以下两点：

A. 简洁

建议使用简单不花哨的动画效果，比如出现、擦除等，且速度不宜太慢（通常 1 秒以内）。

B. 准确

进入、消失、强调……呈现出来的效果以及呈现的时机都应该和讲解的原意保持一致。比如讲到第三项内容，出来的却是第二项；比如讲到应该去掉 A、换成 B，结果 A 没消失 B 也没出现；比如流程从左到右，对象飞入或擦除的方向却是从上到下……类似这些现象会干扰讲师的讲授和学员的理解，一定要避免。

（4）全面降噪

课件 PPT 是为了帮助讲师传达信息，功能好比电子设备传达信号一样。电子设备传达信号的过程中，会受到噪音的干扰，人们用“信噪比”来指代信号与噪声的比例，信噪比越高，信号传达越清晰。

对于 PPT 课件来说，无论是科学排版、高可视化、精确协同，都是为了让课件 PPT 成为高品质的授课工具，传达高品质的“信号”，而对内容呈现没有正向价值的元素，哪怕是再有创意的排版、再精美的图片、再酷炫的动画……都属于“噪音”，都应毫不犹豫地消灭他们。

特别提醒沉迷于 PPT 操作技术、以能实现“神级”操作为荣的读者朋友，请牢记“简约是一种更极致的美”，全面降噪，才能制作出高“信噪比”的 PPT 课件。

学会了以上科学排版、高可视化、精确协同、全面降噪这 4 大招，PPWORD“变身”PPT 五步法的最后一步“美”就掌握到精髓了。

试试看

将以下这段文字改成 PPT：

花园管理规范

二、活动期间：

1. 活动期间，行人路线必须与两侧绿植做隔离。避免人员误入绿植丛中发生意外，也避免人员受到伤害。活动期间，活动区域与周边绿植需做隔离处理。活动期间，活动区域内如果有绿植，则需对绿植进行隔离保护，避免人员进入。

2. 活动期间，现场环境卫生需爱护，若造成活动场地污染，活动结束后次日 9:00 营业开始时，又不能清洁到位，则需要支付场地卫生清洁费 300 元 / 次。

3. 因花园是室外区域，故活动期间，难免会有蚊蝇等有害生物对客户造成伤害，从而导致客户的投诉，应由主办方独立承担相应责任。

【关注“一起老师”公众号，回复关键字“PPT”查看参考答案】

第5章

如何打造生动课堂

5.1 练好表达基本功

历经千辛万苦，终于成功开发出一门让人惊艳的精品课程了！是时候登台亮相、秀出风采了！可是站在台上的瞬间，分明感受到了一阵嗖嗖的凉意。这都是紧张惹的祸。

5.1.1 紧张情绪管理

我们曾问过很多培训师朋友：“站在讲台上，你感到紧张吗？”答案总是惊人的一致：“会！”

当我们再接着问：“那么，你害怕紧张吗？”答案还是惊人的一致：“怕！”

当我们进一步探询：“紧张会表现出哪些症状呢？”答案开始变得五花八门。

“紧张像秋风扫落叶一般，令我的大脑瞬间变成一片空白。”

“我有紧张综合征，满脸通红、额头冒汗、浑身发抖，一个都不会少。”

“我一紧张就想到桂林三金片！尿频、尿急、尿不尽，要命呐！”

……

那么作为一名培训师，我们该如何有效管理紧张情绪呢？

1．接受

马克·吐温曾经说过：“世上有两种演讲者，紧张的和故作镇定的。”紧张是人共有的情绪，紧张很正常，从不紧张才不正常。

很多培训师觉察到自己紧张时，第一反应是：“这该死的紧张又来了！赶紧消灭它！”可偏偏越想消灭紧张，紧张反而一浪高过一浪，最终一发不可收拾。

根据心理学家研究，人体在紧张状态下会分泌更多的肾上腺素，并激活交感神经系统，使潜能得到更好的发挥，只有紧张超过了一定限度，才会导致发挥失常（如下图）。

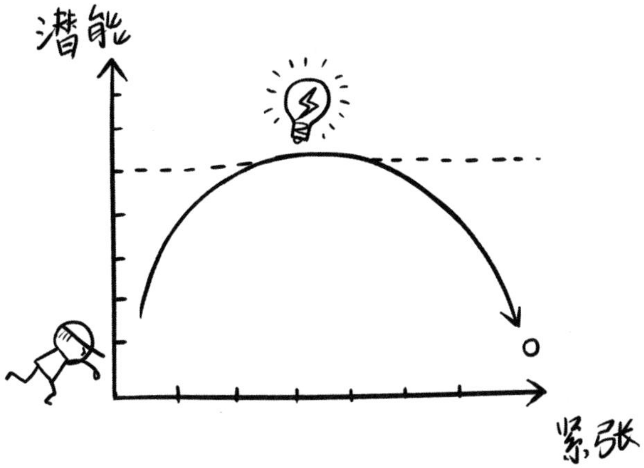

认识到“人人皆会紧张，而且适度的紧张有助于潜能发挥”，是进行有效管理的前提。

2. 调整

（1）积极的心理暗示

有一位培训师在台上总是非常淡定，别人好奇地采访他是如何做到的，他摇头晃脑文绉绉地来了一句：“宠辱不惊，看庭前花开花落；去留无意，望天空云卷云舒。”别人请他“翻译”一下，结果他大笑着说：“早 shǐ（死）早超生，面子算什么！”

不过话糙理不糙，我们应该都有过相似的体验：如果特别在乎一件事，而又没有足够的信心能做好它时，就容易感到紧张。接受不完美，生活才会更幸福。别苛求自己成为神一般的培训师，也别奢望所有人参加完你的培训都会点赞。

另一位培训师分享过她的“绝招”。她说：“我小时候在东北农村生活，俺们那旮的窖子里存着各种瓜果蔬菜。只要一紧张，我就想象台下的学员，这个是白菜，那个是土豆，老熟悉了，问题就解决了！”

不可否认，这种心理暗示确实有效，但很难想象一位没把学员当人看的老师，又怎么可能和学员产生真正意义上的交流和共鸣呢？

（2）有效的辅助方法

调适紧张的方法自然也各有各的招。有人深呼吸，有人小口地喝温开水，还有人用力攥紧双拳然后猛地放开，连着反复做个十几次……只要找到适合自己的方法，那便是最好的。

多年教学实践经验告诉我们，往往开场的最初五分钟我们最容易感到紧张，往后不知不觉就好了。所以建议大家千万别“耍酷”踩点进教室。培训前应该至少提早 30 分钟入场，熟悉场地、调试设备、温习开场、找几个学员寒暄。这样正式开始培训时，才会显得胸有成竹、从容自在。

另一方面，如果全场学员对任何互动都无动于衷，我们也难免会感到紧张，相反如果现场回应很积极，我们就很容易放松。找个办法让气氛在开场阶段尽快热起来，岂不妙哉？

稻盛和夫先生认为，在一个组织里可以看到三种人，分别是自燃型、他燃型和不燃型。自燃型的人不用外力驱动就能积极主动地做事；他燃型的人需要外力的驱动才会有所行动；而不燃型的人不仅没有内在意愿，外力也难以推动。

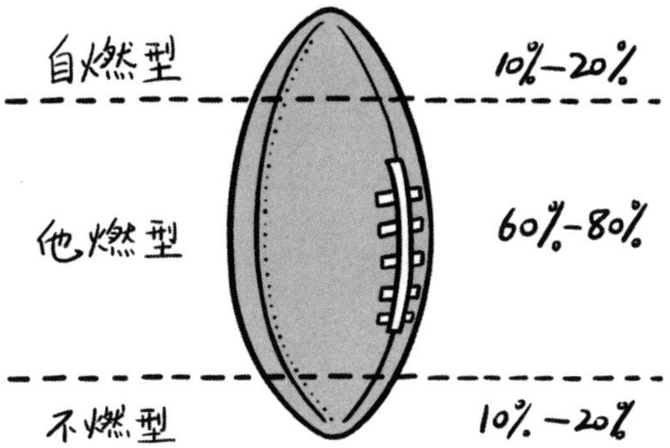

培训课堂上同样有这三种人，除了少数“自燃型”和少数“不燃型”以外，大多数人都是“他燃型”，只要培训现场氛围到位，这类人群就是“火”，相反，就是“冰”。所以在课程导入阶段，一定要充分调动“自燃型”学员，让他们成为“课托”，进而带动其他“他燃型”的人。

另有一位培训师朋友宣称他找到了一个好办法。他说：“与其自己紧张，不如让别人紧张。”所以每次上课他总会准备一堆重磅难题，在课堂上不断把这些难题像扔炸弹似的扔向学员，把学员炸得人仰马翻。学员们自顾不暇，当然没时间关注老师是不是紧张。

这个办法对于缓解老师的紧张情绪或许有效，可是轮番轰炸之后，学员早把内心那扇虚掩着的门关上了，又哪会有心思认真听讲呢？

3. 充分准备

欧阳修笔下的卖油翁说得好，“我亦无他，唯手熟耳”。脸皮越磨越厚实，话越说越顺溜。超量准备、多讲多练是有效管理紧张情绪的不二法门。

即便乔布斯这样的商界奇才兼演讲大师，公众表达的经验极为丰富，他仍会花大量时间准备每一场演说。据说每年全球开发者大会（WWDC）前夕，乔布斯都不惜花费昂贵的租金，提前租下场地，窝在里面一遍遍地演练，仔细推敲每一句话、每一个细节。我们应该向他学习，坚决不打无准备之仗。

5.1.2 语音语调

好不容易紧张情绪得到了有效管理，下面总算可以顺畅表达了。在表达当中，有三个要素尤为重要，分别是语音语调、肢体语言和语言内容，它们并称为“表达三要素”。

俗话说，唱歌有歌谱，说话也得有谱。站在演讲台上说话，须得有浓有淡、有徐有疾、抑扬顿挫才能持续吸引听众的注意力。作为一名企业培训师，我们必须掌握语音语调的运用方法，从语音、语速、语调三个方面下功夫，让自己的声音变得更迷人。

1. 语音

很多人平时侃大山，啥事没有。一上台讲课，没讲一会儿，嗓子就开始“冒烟”了。还有些人，说话气息很弱，后排的人总是听不清，只好吊着嗓子喊，结果没多久就彻底“歇菜”了。凡是出现类似情况，多半和发声方法不正确有关。

人体是一个大共鸣腔，要使用胸腹联合呼吸法①，调动腹腔、胸腔、喉腔、口腔、鼻腔产生共鸣，这样既能保护嗓子，声音也能传得远。

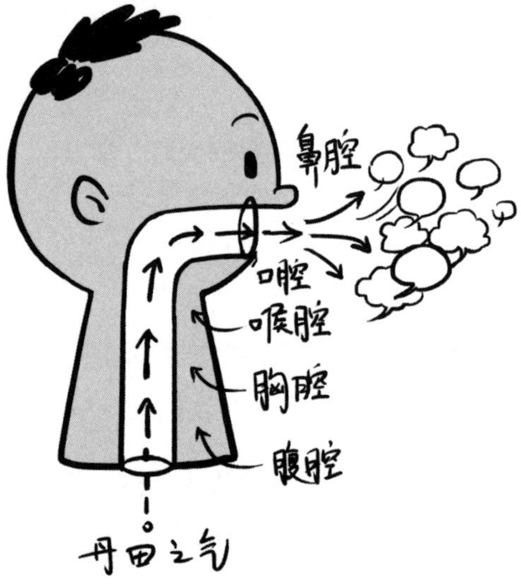

介绍一种非常简单的“一口气训练法”给大家。

深吸一口气！让气沉到丹田，吸到坚持不住为止！然后一口气不间断地读一段文章，文章越长越好，而且要平稳地发声。经过一段时间训练后，原来需要换几次气才能读完的小短文，一口气就能轻松读完了。

① 胸腹联合呼吸法是播音员、主持人在工作时应该掌握的方法。这种方法是利用胸腔、横膈肌、腹肌联合控制气息。

除了掌握正确的发声方法，还得发音正确、咬字清晰。还珠格格小燕子当年乱念诗，逗乐了大江南北。我们要是学她的样，把“亳州”念成“毫州”，“造诣”念成“造纸”，“干涸”念成“干固”，学员肯定会说：“这老师没文化，真可怕！”

如果总觉得自己说话速度一快，就会立马糊成一锅粥，可以找一些绕口令，用最大的声音、最快的速度、保持清晰地进行反复操练，效果会很显著！

2．语速

经过我们大量测试，企业培训师平均每分钟 210 ～ 240 个字的语速，既能保证学员听得清，又能较好地保持学员的注意力。语速低于 150 字 / 分钟，学员很容易犯困；高于 300 字 / 分钟，学员听起来会非常吃力，严重影响知识的理解和吸收。

3．语调

同样一段话，不同念法，聆听感受完全不同。一起做个练习感受一下。

请大家平淡地念出以下这段话：

在一个夜黑风高的夜晚，伸手不见五指，小明走在一条乡间小道上，突然间远处传来一声呐喊：“救命啊……”

换个念法：

在一个夜黑风高（重音）的夜晚，伸手（停顿）不见五指，小明（停顿）走在一条乡间小道上（放慢语速），突然间（加快语速、提高音量）远处传来一声呐喊：“救命啊……”（颤音并提高音量）

第二种念法是不是有一种身临其境、令人毛骨悚然的感觉？这就是语调运用的效果。

一堂课内容很多，表达时一定要突出重点，予以强调。主要的强调方式有以下几种：

1. 重音

比如，“我”是你的好朋友，重音放在“我”上，表示“我”是，“他”不是。重音放在“你”上，我是“你”的好朋友，则表示我是“你”的，不是“他”的。

2. 停顿

需要着重强调的字眼之前，一般需要停顿。比如那句令人耳朵起茧的广告语——“今年过节不收礼呀，收礼只收（停顿）脑白金”。

除此之外，重点内容多次重复也能起到强调以及加深学员印象的作用。

语调的运用，还需要根据内容所蕴含的情绪赋予声音更多的色彩。同样是“我喜欢你”四个字，不同语调，它所包含的情绪，甚至所表达的意思都天差地别。

小李来公司报到的第一天，对小刘一见钟情，含情脉脉有些腼腆地对人家说：“我喜欢你。”可是小刘根本不搭理他。有一天，小李终于忍不住了，歇斯底里地喊：“我喜欢你！”小刘不堪骚扰，极不耐烦，冷冰冰地对小李回了同样的四个字：“我？喜欢你？！”

所以，我们必须通过语调的变化来渲染与内容协同的氛围。

最后有一个小小的提醒。一定要尽量减少表达中的口头禅。比如，“呃”“这个”“那个”“然后”“也就是说”等。有两种方法有助于减少口头禅。

循序渐进法。每次讲课都用手机录音，在回放时注意口头禅出现的次数。第一次出现 10 个口头禅，下次讲课就留心减到 8 个，再下次减到 6 个。

能量转移法。讲课时感觉说不下去，打算用口头禅填充空白时，用脚趾头抓一下地面来替代。通过多次练习，口头禅渐渐就会消失了，表达也就清爽了。

5.1.3　肢体语言

表达不仅仅靠嘴巴，肢体也是一种语言。美国社会心理学家梅拉宾在 1971 年提出了一个法则，他说一个人对别人的印象，约有 7% 取决于谈话的内容，辅助表达的方法如语气语调等则占了 38%，肢体动作所占的比例更高，达到了 55%。

足以见得，肢体语言对于一场培训而言，重要性有多高。培训师最重要的肢体语言包括眼神、表情、手势和站姿。

1．眼神

俗话说得好，“眼睛是心灵的窗户”，培训师在培训时眼睛应该看哪里呢？和学员进行眼神交流时，要看的是“眉眼之间”。在运用眼神交流的过程中，有两个“全”特别重要。

一是兼顾“全”场。要保证与每一名学员都有过眼神交流，避免只关照一两个人或者一两个小组。特别是坐在教室四个角落的人，非常容易被忽略，不妨下意识地多瞅瞅他们。

二是“全”程保持。注意！是“全程”！比如，为了与后排的学员增进互动，走到场内，这时，别站在场地中间，因为这样会将课堂割裂成“身前”以及“背后”两个半场，倒不如索性走到底，和最后排学员并排共同面向所有同学。

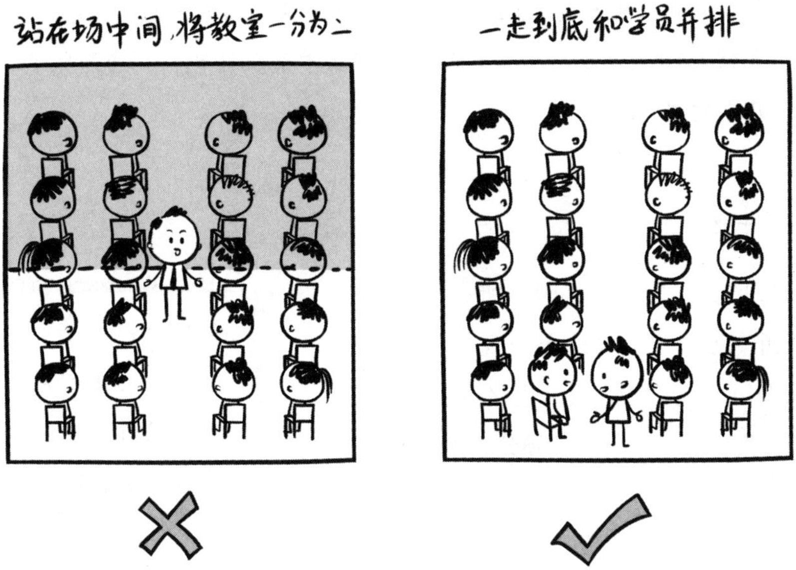

提问完，在返回讲台的过程中，最好能边讲边退，而不是转身背对着学员。板书时，建议养成侧身写字的习惯，而不是背对学员撅着屁股边说边写。看投影时，要避免长时间盯着屏幕，照本宣科，而是要像看汽车后视镜一样，偶尔瞄一眼屏幕，赶紧转头继续看着前方的学员。

严格讲，眼神属于表情的一部分。除了注意眼神，培训中表情管理也不可忽视。

2．表情

要通过表情感染学员，首先得打动自己，让情绪从心里透出来体现在脸上。群众的眼睛是雪亮的，虚情假意、皮笑肉不笑是玩不转的。

站在讲台上的表情可以比平时更夸张一些。毕竟培训现场是一对多的沟通，后排的学员离老师比较远。太含蓄的表情很难被学员充分感知，气场也会显得弱很多。

特别需要注意的是，表情应该和内容相一致，内容是表达愤怒的，表情却阳光灿烂、笑逐颜开，这会让学员犯迷糊，“老师究竟几个意思啊？”

3. 手势

说完脸部，再说说手势。所有培训专家和演讲专家，没有哪位不重视手势的运用，几乎可以这么说，无手势不演讲。关于手势，我们总结了几句要领分享给大家：

黄金框内做手势，
手臂带动更舒展；
多余动作要不得，
协同一致才是赞。

（1）黄金框内做手势

“手势黄金框”指的是肩膀以下、腰部以上，伸出手臂所能触及的区域。大部分的手势应该在这个区域内完成。只有在抒发强烈的情感时，才需要突破框线，在更高的位置做手势。

手势黄金框

（2）手臂带动更舒展

手势要舒展大气，用手臂带动手腕和手掌。

（3）多余动作要不得

一是小动作，比如扶眼镜、挠鼻头、摸后脑勺、手上拿着讲稿甩个不停等。这些小动作和表达中的口头禅一样，会严重干扰学员的注意力。

二是不恰当的动作，比如用手指或激光笔直指学员，请他们回答问题。还有更夸张的情形，勾勾手指头请学员上台，显得特别不尊重学员。还有老板式、哨兵式以及“捂裆派”三种手势，也都应该避免。

三是避免手势过多。不做手势时，手臂可以自然下垂，也可以在腰部找一个“停车位”，把手自然地放在那里。

（4）协同一致才是赞

手势的含义必须和内容保持一致。每个手势都有它独特的含义，可别说到第三点时，却伸出了四个手指头；或是说“总的说来”时却做了表示“一分为二”的手势。

4．站姿

抬头、挺胸、收腹。男生一般双脚分开，大致与肩同宽，重心均匀分布在两脚之间。女生可以采用 V 字步或丁字步站姿。

这里列举几种常见的错误站姿，大家引以为鉴。比如站得太偏的、站在投影区内讲课的、整个人靠在台子上的、双手撑着或趴在讲桌上的、耷拉着肩膀稍息式的、扭着腰来回晃动的、小碎步走个不停地、自始至终钉子般站在一个位置上一动不动的。这些站姿都要注意避免。

5.2 互动攻略

放过风筝的人一定有过类似的体验，如果线攥在手上舍不得放出去，风筝就飞不起来；相反，如果一不小心线脱了手，风筝就会失去控制，直接坠地或者飞得无影无踪。所以放风筝讲究一种境界——收放自如。这同样是培训师上课应该追求的境界。

在课堂上，“放”是引导和互动，是调动学员参与教学过程；“收”是控场，是保证始终紧扣教学目标，并且按照既定的教学节奏往前推进。

在这个极其强调“参与感”的时代，“互动”被人无数次提及。但有很多人对“互动”存在明显的误解，他们以为在培训中讲个段子、玩个小游戏就是互动。

互动是多种教学活动的共性表现，真正有效的互动必须围绕教学目标来展开。甚至可以这么说，一切不围绕目标展开的互动本质都是“胡动”，是一种无意义的乱动。

互动从层面来区分，可以分为“身动”“脑动”和“心动”。“身动”是形体的动，比如组织学员跟着节拍做颈椎操。“脑动”是思维的动，比如让学员思考问题或进行小组研讨。而“心动”是情绪的动，通过营造一种氛围带动学员的情绪变化。

另外，互动从范围来区分，可以分为单独互动、小组互动和全体互动。而从具体的形式看，那就更多种多样了。但不论是哪一种类型的互动，提问与回答往往都是基本元素。

问答在知识传播方面的运用源远流长。在中国，中医的经典著作《黄帝内经》就是以黄帝问问题、岐伯回答的形式呈现的。儒家经典《论语》中也记录了很多孔子及其弟子的问答对话。在西方，引导技术起源——“产婆术”的创造人苏格拉底是个问问题的顶尖高手，他有关“正义”的辩论堪称提问的艺术，让人们奉为圭臬，流传至今。

5.2.1 提问

1. 提问的步骤

提问是培训师核心技能之一。当企业培训师想要提问学员的时候，应该遵循四个必要的步骤：

（1）提出一个问题

首先要控制住自己，一次只提出一个问题。问题太多，别人就难以回答。比如，《武林外传》里吕秀才对姬无命的夺命连环问，任姬无命一代绝顶高手也招架不住。

如果有很多问题，可以先问一个，等学员回答之后，再问下一个。

（2）留出思考时间

提问时，注意不要突袭学员，要给对方留些思考时间。突袭的效果大概率是他发懵，老师也尴尬。

（3）邀请学员回答

根据实际情况，可以指定学员或者以学员自愿的方式回答。第一位学员回答完毕后，可以继续邀请其他学员补充。注意每位学员回答结束后，要及时感谢学员，请其就座。

（4）给予点评反馈

正向反馈对于学员的进步极有帮助。老师应重点关注学员回答中的亮点，给予充分的鼓励和表扬。对于需要改善的地方，也需要就事论事提供明确具体的反馈，避免因不当的批评伤及对方人格。

当然，对学员回答的内容进行点评比较容易，相对复杂的是在学员完成了某些练习任务（如仿真演练）后的点评。使用“金手指五步点评法”将帮助我们更有结构、更具实效地为学员提供反馈。

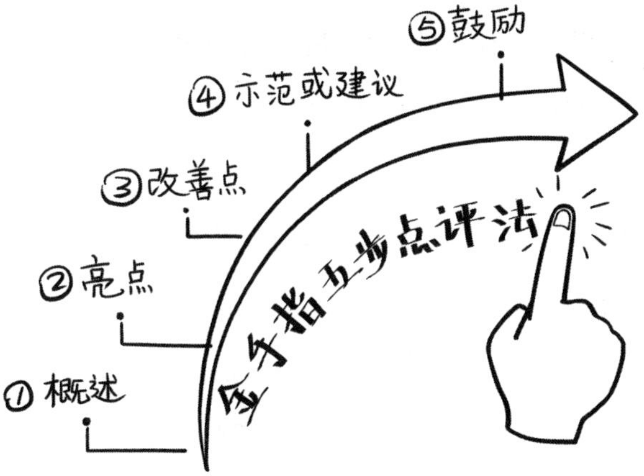

第一步：概述，即对学员的表现进行整体评价。参考语言：“总的说来……”

第二步：亮点，肯定学员表现突出的方面。参考语言：“其中尤其让我们眼前一亮的是……”

第三步：改善点，即指出学员有待改进的方面。注意，这里特别使用了“改善点”这个词，而不是“缺点”或“不足”。因为“缺点”代表的意思是做得不好，而“改善点”代表的含义是还有努力的空间，可以做得更出色。

在衔接第二步时，建议大家多用“同时”、少用“但是”。因为“但是”是转折的意思，会大大削弱前面表扬的力量。作为一名企业培训师，应该时刻牢记“用爱和梦想去激励学员”。

不论指出亮点还是改善点，为了表达更清晰明了，建议采用分点说明的方式。参考语言：“同时，还有一些方面可以做得更好，第一……第二……第三……”

第四步：示范或建议，是围绕如何改善提出的解决方案。如果只指出改善点，却没有提供任何有效的建议和示范，会让学员陷入迷茫。好比去了一趟医院，医生满脸凝重地指出了病人身上的很多毛病，却没有开药方，只说一句“你回家好好休养吧”，必然会让病人心里瘆得慌。

示范或建议可以作为独立的一步进行，也可以融合在第三步中，每说完一点改善点，就给出相应的改善建议。参考语言：“如果您能这么做，那就太棒了……”

第五步：鼓励。在点评结束时，再次感谢学员的参与和出色表现。

2. 提问的雷区

培训师提问的过程并不总是能得到学员的积极响应，很可能遭遇冷场的尴尬。诚意满满地抛出一个问题，可是台下的学员们纷纷低下了他们高贵的头颅，生怕叫到自己回答。遇到这种局面，培训师首先要反省的是自己：会不会是因为自己的表述不够清晰，学员压根儿没弄明白老师问的问题究竟是什么呢？如果是，请立即复述一遍问题或者换一种说法重新诠释它。

还有一种可能是老师提出的问题确实超出了学员的能力范围，他们不是不想回答而是真的回答不了。如果遇到这种情况，最佳的选择是降低问题的难度系数。下面有三种方法可以达成目的：

1	补充背景信息或给出部分答案，让学员寻找剩下的部分
2	改变题型，将开放式的问答题改成封闭式的选择题或判断题
3	插入衔接性问题。比如问“1+1+1=？”时，没有人回答。那么可以先问“1+1=？”

在提问的过程中，还有几个错误的做法需要注意避免：

（1）太“高大上”的问题

举个实际发生过的例子：

在一次面向新员工的《职业生涯规划》培训课上，老师来了一段很煽情的开场："在座各位，佛说前世的五百次回眸才换来今生的一次擦肩而过。我们可能来自不同的地方，学的不同的专业，曾经在不同的公司工作，但今天难得的缘分却让我们聚在了一起，成了公司大家庭的一员。各位，当你坐在这儿，是否想过这样几个问题'你是谁？你从哪里来？又要到哪儿去？'"

台下学员面对这么有高度的问题，都有点找不着北的感觉。忽然有一位学员喃喃自语了一句："上次我去某小区找朋友，那个保安也是这么问我的。"另外一位学员白了他一眼，煞有介事地回答道："我是唐僧，我从大唐来，要到西天取经去，阿弥陀佛！"大家一阵爆笑。

（2）想当然的问题

当老师的，常常误以为学员会和自己心有灵犀，不谋而合，但学员却常常不按套路出牌。

有一位老师在分享"聆听技巧"时，别出心裁地引入了一个经典桥段。"各位，请观察坐在对面的同学，回答我的问题。他有几只耳朵？""两只！""对了！几张嘴？""一张！""没错。那么大家有没有想过，上帝造人的时候为什么给每个人造了两只耳朵，却只有一张嘴呢？"

这时候，如果有个"课托"回答，"因为上帝希望人们能够多听少说"那就完美了。偏偏有个学员"脑洞"比较大，他振振有词地回答："老师我知道！因为上帝知道人世间，有很多话是废话，大可不必放到心里，就给每个人造两只耳朵，方便我们左耳朵进，右耳朵出啊！"台下一阵哄笑。

如果老师能够避免想当然，在问问题时，稍微铺垫一些信息，跑偏的概率显然会低很多。比如先说"在沟通中，要么在听，要么在说。如今表达欲很强的人多了，能说会道的人多了，可是常常自说自话，沟通效果不尽人意。沟通中，究竟说更重要，还是听更重要呢？"接着再按设计的方式提问。

（3）强迫性的问题

如果老师问了一个想当然的引导性问题，把球传给学员，结果学员把球给踢出场外了，老师很可能不会善罢甘休，而是采取激进的方式再次强力引导。

在一堂《阳光心态与幸福生活》的分享课上，老师想要表达一个观点：生活幸福不幸福，不在生活本身，而在于看待生活的态度。

她深谙提问的魅力，设计了一个问题："我想问问大家，和自己内心想要的相比，是不是大多数人都觉得总有那么一些不如意的地方？"

不出意料，台下学员纷纷回应："是呀，何止一些，简直人生不如意十有八九！"老师正想借此阐述幸福的真谛，没想到有一位学员满脸洋溢着幸福的笑容，说道："老师，我不这么觉得，上天恩赐我的比我想要的还多得多！"

老师一下转不过弯来，有点急了眼，走过去追问了一句："这位同学，你再仔细想想，难道真的没有一点点让你不顺心的事情吗？"这位学员半开玩笑半认真地回了一句："老师，您就这么希望我不幸福啊？"

老师觉察到自己的问法有些不妥当，赶紧澄清："这位大姐，千万别误解，我不是这个意思。"学员有些恼了，噌地站起来："叫我大姐？你的意思是我比你老很多吗？"现场顿时充满了火药味。

既然学员已经没按老师的"套路"出牌了，老师就应该避免强迫学员跟自己一条路，而应因势利导，采访这位学员之所以有强烈幸福感的原因，很有可能通过该学员的分享，在不知不觉中就得出老师的结论。

（4）有歧义的问题

心理学上有一个概念"知识的诅咒"，说的是一种认知偏见，指的是当一个人与其他人交流时，不知不觉地认为其他人有背景知识。

1990 年伊丽莎白・牛顿 (Elizabeth Newton) 在斯坦福大学做过关于一个简

单游戏的研究。在这个游戏中，她把参与者分为两种角色：敲击者和听众。

每位敲击者会拿到一张写有 25 首名曲 (针对美国人民) 的清单，例如《祝你生日快乐》和国歌《星条旗永不落》，每位敲击者要做的事情就是从中挑选一首并通过敲桌子把这个节奏敲给听众听，然后让听众根据敲击的节奏猜出歌曲。

这个游戏听起来很简单，但是实际情况却很艰巨。在伊丽莎白的实验过程中，敲击者敲出了 120 首曲子的节奏，而听众仅猜出了其中的 2.5%，也就是 120 首里的 3 首。更有趣的是，在听众猜歌曲名前，伊丽莎白让敲击者预测听众猜对的概率，他们预测概率为 50%。

敲击者传递的信息 40 次中才有 1 次被理解，但是他们认为 2 次就有 1 次，这是为什么呢?

当一个敲击者敲打的时候，他听到的是他脑子里的歌曲。因为他知道那首歌的歌名，比如《祝你生日快乐》，于是他的脑海里一直在循环着这首歌——不可避免在脑中听到曲调。但是对听众来说，他的脑袋里没有“歌名”这个信息，他不知道这首歌是什么，也就听不到这个曲调——他们所能听到的只是一串分离的敲击声，就像是战争时期的发电报的声音——嗒，嗒嗒，嗒嗒嗒。

在试验中，听众要付出很多努力才能辨出乐曲，敲击者对此感到震惊：“难道不是很明显就能听出来吗？”当一个听众把《星条旗永不落》猜成《祝你生日快乐》时，敲击者的想法可能是：“你怎么这么蠢呢？”

做一个敲击者很难。问题在于敲击者已拥有的知识 (歌曲题目) 让他们想象不到缺乏这种知识会是什么情形。当他们敲击的时候，他们也不能想象听众听到的是单一的敲击声而不是一首曲子。这就是“知识的诅咒”。

来看一个生活中的案例：

曾有一位记者采访市民对市区禁止燃放烟花爆竹这项政策的看法：“大爷，大爷，烟花爆竹这事您怎么看呐？”

大爷有些纳闷，觉得记者问的问题有些莫名其妙。记者以为大爷耳背没听清楚，于是提高音量又问了一遍：“大爷，我是问您烟花爆竹这事，您怎么看？”

大爷很认真地回答：“我都是趴在窗台上往外看啊！”

大爷之所以答非所问，问题不在大爷，在那位记者。因为记者默认大爷是了解“禁止燃放烟花爆竹的政策”这个背景信息的，所以在提问中省略了很多信息。

所以建议培训师们在发问时，一定要站在学员的角度，把信息说完整、说清楚，避免被自己的知识“诅咒”。

3．360度提问法

当然，很多时候问与答不仅止于一个抛、一个接，而是像打乒乓球，你来我往有好些回合，又像抽丝剥茧，一层一层往下深入探究。如何设计一系列问题，和学员进行深度互动？有一套360度提问法必须掌握。

根据问题的指向，向上的称为“上堆”，向下的称为“下切”，平行的称为“平移”。上堆、下切、平移就统称为“360度提问法”。

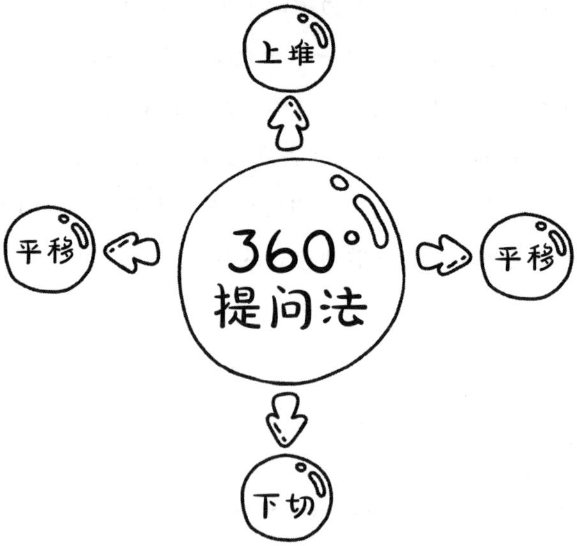

比如询问一位导购如何做到连续三个月都是分公司的销售冠军，导购回答：“主要做了三件事吧，一是多做连带销售，二是利用换季促销政策做大单，三是用新品的科技优势吸引新客户。”

这时，如果接着问：“若用一句话概括，您做业绩的总体思路是什么呢？”这个问题就叫“上堆”。“上堆”常常用来对话题进行总结、归纳，往更高一级的层次去提升。

如果换一种问法：“太棒了！你能举个例子，具体介绍介绍你是怎么做连带销售的吗？”这就是“下切”，也就是将话题细分，往下深入到一个更小的、更具体的子话题中去。

如果是这样问：“除了这三条，你还有其他提升业绩的妙招吗？”这就是“平移”。顾名思义，就是从一个话题转移到另一个相关的新话题上。

在实践中可以穿插使用这三种方式。通常说来，用“下切”可以牵引话题，打开思路，通过追踪细节让双方有话可说。适时的“上堆”则可以用来阶段性确认共识，加深对关键点的印象，同时避免产生一种步步紧逼的感觉，更容易建立信任感。当一个话题完结或者冷场，那就该“平移”了。“平移”不仅能够开启新的话题，还能激发对方的灵感，探索更多的可能性。其中包括两种最典型的思考模式：Anything else（还有其他的吗）和 Why not（为什么不）。

附送一个小秘诀：发问的时候，“呢”“吗”“吧”虽然只是一字之别，效果却完全不同。问“还有呢”，对方会倾向于继续说；问“还有吗”，对方很可能回答“没有了”；问“还有吧”，则是希望引导对方跟随提问者的思路。

4. ORID 焦点讨论法

引导技术和教练技术中，也提供了很多行之有效的深度对话方法，其中 ORID 焦点讨论法就是一个典型的提问套路。如下：

O Objective（实践），属于数据层面，是指先陈述客观事实，比如看到、听到、触摸到、闻到、尝到的等。

R Reflective（感受），属于体验层面，是指通过客观反射促进对方阐述，如情绪的反应、对事情或话语的感觉、与过去经验的联想等。

I Interpretive（意义），属于理解层面，是指进行事实分析，比如这些问题强调的意义、目的、重要性和价值、对问题的分析等。

D Decisional（行动），属于决定层面，指出基于事实的下一步行动，如可以做什么、有何创新做法、如何开始行动等。

事实上，ORID 并不深奥晦涩，它很好地反映了人们大脑的运作模式，在生活中常被运用，只是大家日用而不自知罢了。举个生活中的例子：

ORID 示例表

字母	英文单词	含义	示例
O	Objective	实践	昨天下班，我在公交车上看到一个男的紧贴在一个女的后背上
R	Reflective	感受	这实在令人非常气愤和鄙夷
I	Interpretive	意义	猥琐男肯定在趁机揩油，这么没有道德的事情绝对不可以发生
D	Decisional	行动	我决定立即冲上去阻止他

在培训过程中，可以参考下面这个案例，使用 ORID 展开与学员的互动提问：

老师在课堂上引导学员分享“如何联系过去的经验应用所学”，有一位学员分享了过往的客户接待失败案例。

老师：“确认一下，当时客户对你说了什么？你是怎么应对的？”（O，引导学员分享事实）

学员：“客户说只是进店随便看看，我就走开了。”

讲师：“对于自己当时的表现，你满意吗？”（R，引导对方表达感受）

学员："不满意，太消极了。"

老师："当时你这么做的原因是什么？当时你是怎么想呢？现在还这样想吗？"（I，确认对方的理解）

学员："当时就觉得客户都这么说了，不能打扰人家，害怕引起厌烦，今天培训之后发现其实……"

讲师："假如昨日重现，用上我们的接待步骤和话术，你会怎么做呢？"（D，引导对方思考行动）

5.2.2　回答

提问有提问的方法，回答也有回答的艺术。

当学员向老师提出一个问题时，老师不妨采取以下几个步骤：

（1）聆听

在学员提问的过程中，忌先入为主，打断学员发问，应专注地听学员在说什么。

（2）厘清

在回答之前，首先要清楚问题究竟是什么，否则很容易答非所问。确认问题最简单的方法是，复述对方的问题。如果不好复述，或是对这个问题究竟想问什么不太拿得准，可以用自己的语言，重新把它诠释一遍。

还有些时候，学员问的问题范围偏大，让人难以有效解答。比如，学员问："老师，我怎样成为一名优秀的培训师？"

这个问题太大了，成为一名培训师，需要很多方面的能力、阅历，现有职业的转型、规划等很多地方都要下功夫，如果全面铺开来回答，一是耗时长，二是回答的力度分散，学员也得不到中肯的建议。

这时候可以先问学员，了解他具体在哪个方面存在问题。若他说是容易紧张，那可以聚焦到管理紧张情绪这一点上，跟他深入分享心得。这样的回答，自己好着手，对学员来说，针对性强、价值也大。

（3）解答

厘清问题之后，是不是都得由老师亲自解答呢？恰恰相反，老师能不自己回答的，尽量避免直接给出答案。

正如前文所说“能做导演的时候，尽量不要做演员”。学会传递问题，可以邀请其他学员来解答同学的疑惑，作为一种互动方式，不仅可以激发学员的学习积极性，而且还可能得到意想不到的好答案。这样一举多得的事情，何乐而不为呢？

（4）确认

不管是让他人回答，还是自己回答，回答后，一定要做一个动作，就是向提问者确认，他的问题是否得到了满意的答复。

学员问的问题，如果老师知道答案，应对起来易如反掌。但总有些时候，学员抛了个“重磅炸弹”过来难倒了老师，把老师炸得“外焦里嫩”的，好不尴尬。

如果不小心被学员考“焦”了，该怎么办呢？

首先是保持镇定。要知道，作为企业内部的培训师，老师是站着的学员，学员是坐着的老师，大家本身就是平等的。韩愈不是早就说过了吗：“弟子不必不如师，师不必贤于弟子，闻道有先后，术业有专攻，如是而已。”实在答不上来的话，大大方方地承认胜过不懂装懂。

不过在“认怂”之前，培训师还有几步可以努力：

1	自己不知道，不代表学员也不知道。可以用“传递问题”的方式，邀请其他学员来帮助回答
2	一个学员不知道，不代表一群学员也不知道。如果没人回答，可以组织小组讨论，并且允许他们上网查资料，打电话求教别人。只要给时间，总能找出一些答案。最后让各组分享研讨结果，再由老师进行梳理、总结
3	现场不知道，不代表课后还不知道。老师可以将问题布置成学员的课后作业，自己也利用课后的时间抓紧研究答案，一并分享给大家

总之要相信一点：别慌！办法总比困难多。

5.3　控场攻略

前文说过，好的课堂就像放风筝，应该努力做到收放自如，既要能引导学员参与互动，又要能把控住现场，确保实现既定的教学目标。控场主要包括三个方面，控节奏（时间）、控设备、控突发。

5.3.1　控节奏

如何管理上课的节奏？有人会想，上课还有节奏这个说法吗？当然有。试想一下，跳舞的时候是不是要跟着节奏跳？如果舞步总是比音乐快几拍，那舞跳完了音乐却还没结束，多尴尬；如果总是慢几拍，舞还没跳完就没声了，也很尴尬。上课也是如此，时间还没到，课就讲完了，或者时间到了，课还没讲完，这都是教学节奏把控力不足的体现。

那么如何把握教学的节奏呢？有个两“分”法可以帮助到大家：

1. 分段

先给大家讲一个故事。

日本有名马拉松选手叫山田本一，他在1984年东京国际马拉松邀请赛上获得了世界冠军，记者问他如何战胜其他对手，他回答说："凭智慧战胜对手。"那时很多人都觉得他在故弄玄虚，跑马拉松哪要用什么智慧啊？

两年后，在米兰的意大利国际马拉松邀请赛上，他又获得了世界冠军。记者又问他秘诀，他仍然回答"凭智慧战胜对手"。这下没人敢说他装腔作势了，只是对他这句话疑惑不解。

10年后，他在自传中解释了这个秘诀。原来每次比赛之前，他都会乘车把比赛路线仔细看一遍，并把整个赛程以标志性的建筑作为节点，分成一个个小目标。在比赛时，他的心理状态就是先朝着第一个目标节点跑，完成后再朝着下一个目标继续跑。就这样，40多公里的赛程，就被他分解成一个一个小目标完成了。

不管是跑马拉松，还是赚大钱，这就是小目标的大作用。

上课也可以分解成一个个小目标。比如将一堂课按照章节或单元为单位预设好时间。上课时可以和计划进行比对，方便把握讲课进度。如果前面讲得太快，后面就放慢一点；如果前面讲得慢了，后面就紧凑一些。

2．分类

内容分类是很有必要的。一般把教学内容分成学员必须掌握的和可以了解的两类，类似大学里的必修和选修。

必须掌握的，是那些和教学目标密切相关的知识和技能。

可以了解的，一般分为 3 类：

1	**提升性的内容**。比如四年级的知识对于三年级的学员来说，就是提升性的内容
2	**扩展性的内容**。比如说到企业培训师的演讲表达，可以延伸到乔布斯的商务演讲表达
3	**趣味性的内容**。比如一些段子、小游戏。它们的功能更像是课堂的润滑剂，就像《疯狂动物城》里的“闪电”和《冰河世纪》里追榛子的松鼠，他们并非故事的主角，可是缺了它们，会少很多乐趣

之所以要分成“必须掌握的”和“可以了解的”，是因为课堂时间有限，必须确保“必须掌握”的知识能在课堂上传授给学员，而“可以了解的”部分，时间剩多少，就讲多少。

那这两者的比重该怎么分配呢？建议按照 9：2 的比例来准备内容。可是加起来都 110%，不是超时了吗？没错！这叫超量准备。

哪怕准备得再充分，实际的课堂也不会完全按照计划，分毫不差地执行。如果现场出现了一些突发状况影响了进度，“可以知道的”部分可以全部删除，虽然课堂显得比较“干”，但至少保障了教学目标的实现。如果进程非常顺利或者学员的底子好，那就把 20%“可以了解的”呈现出来，学员会觉得既有趣又过瘾。

一句话，课堂是应该预留弹性的。

3. 控游戏

现如今，游戏化教学应用越来越普遍。游戏教学有两大难点，一是控场难，经常拖时间；二是点评难，不容易引导出深度。如何避免游戏节奏失控？这与游戏规则的说明方式有着最密切的关系。建议说明游戏规则时能注意以下几点：

1	分点说明规则
2	尽量结合 PPT 等书面辅助形式进行说明
3	讲完规则，必要的时候，可以进行示范或选几位学员代表试玩
4	讲完规则，应确认学员是否还有疑问

还有一个方面，就是增加协助控场的元素。比如：

1	约定统一口令。很多户外拓展的老师会和学员约定，当老师说“最高指示”时，学员就齐声回答“静悄悄”。这是一个很有效的方式
2	多几个助教或观察员协助维持秩序

5.3.2 控设备

培训中用到的常规设备，包含笔记本电脑、投影仪、麦克风、激光笔、白板和白板笔。

（1）笔记本电脑

笔记本电脑，主要是用来放映 PPT 的。所以大家对 PPT 的演示技巧一定要熟悉，特别是那些常用的快捷键，必须熟记于心。

如果要让幻灯片从第一页开始放映，按 F5 键。如果中途退出了放映模式，需要回去接着放映，这时就不要按 F5 了，直接按 Shift+F5，从当前页开始放映。注意，有的电脑需要按三个键：Shift+Fn+F5。

如果课堂上进入演练或游戏环节，暂时不需要播放幻灯片，这时不要急着把投影仪关掉，因为再次开启需要一定时间，而且如果频繁地关闭开启，会缩短机器的使用寿命。这时只需在“英文状态”下按一下键盘上的 B 键，投影便会投成黑色，方便演练。同样，如果要使投影变白板，可以按 W 键。

还有个非常好用的快捷键是 Ctrl+P，它会使鼠标指针立马变成一支笔，可以在 PPT 上进行书写或标注。

有时候，一份 PPT 要增删部分页面，修改成几个不同的版本，用于不同的课堂。但其实不用每修改一次就保存一个版本，可以利用 PPT 中的“隐藏幻灯片”功能，来决定一堂课上演示哪些幻灯片，不演示哪些，并且不对 PPT 的内容进行更改，这样，一个版本就可以走天下了。

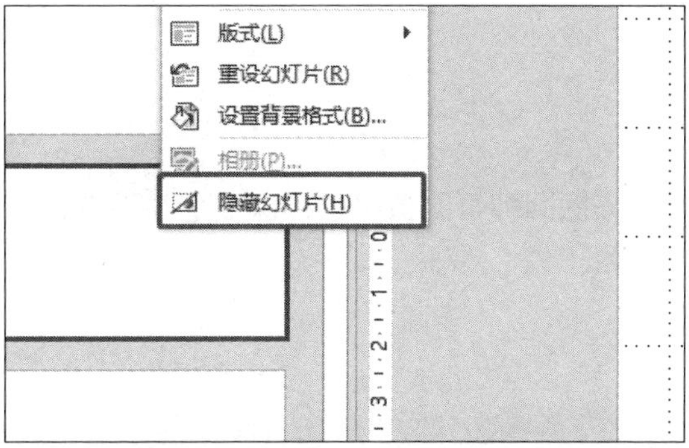

（2）投影仪

投影仪的使用，主要是基本的投影形状，和对焦的调整。同时特别注意，如果有上台互动的环节，要尽量避开投影区域或按 B 键关闭投影。

（3）麦克风

别小看麦克风，使用起来也有讲究的。一般来说，拿麦克风，要做到 3 个“1”，1 只手持麦，离胸口 1 拳，离嘴巴 1 拳。

培训师持麦时，要讲究大方美观。如果像“烧香拜佛式”双手持麦，会显得太拘谨，但如果像摇滚歌手那样持麦，又太夸张。

（4）激光笔

点亮激光笔在屏幕上乱晃或者来来回回翻页的情况，在课堂上并不少见。使用激光笔，记住几个原则即可：

1	用靠近屏幕的手拿激光笔
2	只有在需要指明时，才点亮激光，并且明确地指向需要指明的位置
3	一般情况下，应按照 PPT 的顺序逐页往下翻，避免往回翻（尤其是跳页回翻）。如果有些内容需要重复使用，宁愿多复制几张，插入不同的位置

（5）白板和白板笔

板书的时候，请侧身书写，不要把背影留给学员。

白板板书本质上就是手写的 PPT，要考虑后排学员的感受，所以字要尽量大、工整。而且白板本身容量有限，只在上面写要点就好了。同时也要注意，正文最好用黑色笔书写，蓝笔或红笔仅用于标注。这样显得层次分明。

以上这些设备，是在培训时比较常用到的。无论用到其他什么设施设备，很重要的一点是，提前去现场测试，保证它们能够正常使用。

5.3.3　控突发

前文在讲如何管理紧张情绪时，特别强调过“要充分准备”。因为准备越充分，可以把控的程度就越高。不过并不代表充分准备 = 万事大吉，哪怕反复准备到了“滴水不漏”的程度，仍然会遇到很多突发状况。

突发的最大来源通常是学员：

（1）讲课过程中，有学员在台下嘀嘀咕咕讨论个不停

遇到这种情况，有些讲师会直接提高音量甚至大吼一声“震场”。会“狮子吼”当然不错，但真正的高手，往往“踏雪无痕”，不知不觉将问题化解于无形。下面推荐三招：

1	**第一招，“此时无声胜有声”**。讲师提高音量，通常学员不是停止讨论，反而也会提高音量。这时讲师不如干脆停下来不讲话，微笑地看着讨论的学员，全场忽然只剩他们自己的讨论声，瞬间就会安静了
2	**第二招，“凌波微步”**。讲师可以一边讲课一边走到正在讨论的学员身边。这时，全班同学的目光都会向他们聚焦，无形中产生了一种有力的提醒
3	**第三招，“顺水推舟”**。有时学员讨论并非不尊重讲师，而是他们可能碰撞出了思想的火花。这时候讲师干脆邀请他们上台分享，说不定会意外地得到一个好点子，皆大欢喜

（2）有学员老爱找茬，时不时发表一堆奇谈怪论

这时候讲师千万不要冲动，撸起袖子就对着干，因为即使击退了对方，反倒会被学员们认为“为人师表却心胸不够宽广”，实际是两败俱伤。

真正出于恶意的人毕竟很少，更多的时候是想借此方式“刷存在感”。推荐三招：

1	**第一招，“借力使力”**。面对学员的奇谈怪论，讲师不用自己回答，可以问问其他学员有什么看法和意见，通常大家都不喜欢破坏课堂纪律的人，无人响应，对方就会感到孤立无援而消停
2	**第二招，“调虎离山”**。一个人越强调什么，就说明越缺什么。对方表现得如此雀跃，可能是为了获取关注，那就给其存在感，比如邀请他担任“助教”，协助擦白板、记笔记、做点评等，对方也就安静了，说不定还会帮着讲师维持课堂秩序
3	**第三招，“将计就计”**。索性邀请其上台分享，等他分享完也不予评论，只微笑着问一句“还有呢”，完了再问“还有呢”……一般人不超过 3 个“还有呢”就无话可说了，此时再掌声请其回座

特别需要注意的是，新生代学员的思维比较多元化，有不同的看法实属正常。哪怕和老师意见相左，只要不是故意捣乱，也应得到包容甚至赞许。作为一名开明的企业培训师，应当有胸怀接纳不同的声音，而不是一味地打压。

（3）有学员在台下睡着了

遇到这种情况，有爱心的老师会先关心这位学员，询问本人或邻座的学员，确认其是否身体不适。

如果只是犯困，可以通过语调变化，比如突然提高音量，或者提问其身边的学员、走到他旁边互动，通常就能将其“惊醒”。

如果出现学员大面积犯困打瞌睡，那就应该调整课程节奏了，下面推荐四招：

1 组织简单互动：比如讲师说“hi”，请学员举手回应“hello”，连续三次

2 组织小组讨论

3 组织小游戏，最好是能活动身体、动作幅度又不太大的游戏

4 干脆宣布课间休息几分钟，门窗适当打开

（4）有学员特别积极，“霸占”了所有表现机会

有些学员在互动环节太过活跃，导致其他学员都没有参与、锻炼的机会。如果这些学员较为集中可以重新分组，将其拆分在不同组；也可以制定规则，比如每组每人发一张牌，代表一次发言机会，无牌不可发言等。这些措施都是为了防止一枝独秀，让全员参与进来、百花齐放。

总之，遇到来自学员的挑战，首先要淡定，其次要因势利导，切忌发生正面冲突。而且，其他学员可以成为讲师的“同盟”。还记得吗？根据稻盛和夫的分类，一堂培训里的学员大致有“自燃型”（自发活跃）、“可燃型”（可被带动活跃）和“不燃型”（怎么也活跃不了）三种，着力用“自燃型”带动“可燃型”，适当兼顾“不燃型”，来自学员的挑战通常都能有效化解。

除了学员，还有来自讲师自己、其他人或设备的突发状况，比如：

（1）培训中因故思路中断，忘记接下来要讲什么

应对建议：

1. 开个小玩笑，轻松地问大家：“我讲到哪啦？”让学员帮忙回忆，同时也增强了互动
2. 先跳过去讲记得的内容，其他找机会补讲，或在小结时补充

此外，建议提前做好以下两点准备来避免或迅速解决类似问题：

1. 课件 PPT 不要做得太过简略，该有的内容得呈现在上面
2. 在 PPT 页面下方备注具体讲解（做成授课指引），讲课时使用演示者视图的功能播放 PPT

（2）忽然发现有高手或大领导光临现场

应对建议：

1. 先确认他们是来“打酱油”的，还是全程都参与。如果只是瞅一眼就离开的情形，大可不加理会
2. 可以邀请他们作为嘉宾上台讲话，不过记得先征得对方的同意，避免突发邀请让对方因准备不足导致尴尬
3. 还可以引导他们转换角色成为自己的同盟军，比如担任“导师”或“评委”

（3）培训过程中突然断电或电脑 / 投影仪突然坏了

应对建议：

1 老师继续讲授课程，由助教或组织者解决设备问题

2 增加对白板的使用，弥补没有投影的不足

3 临时增加小组研讨、演练、游戏等，或将课程后面的互动内容提前

此外，课前做到两件事可以更从容地应对这种状况：

1 事先将 PPT 发至手机或打印纸质提纲，保证设备出现故障时不影响进度

2 U 盘备份课件，遇到电脑故障时，更换电脑即可继续正常授课

以上这些常见突发状况如都能从容应对，一般课堂上也就没有什么能难倒大家的了。即使有其他的状况发生，只要能保持镇定，灵活处理，总能找到解决的办法。

第6章

如何实现从“知道”到“做到”

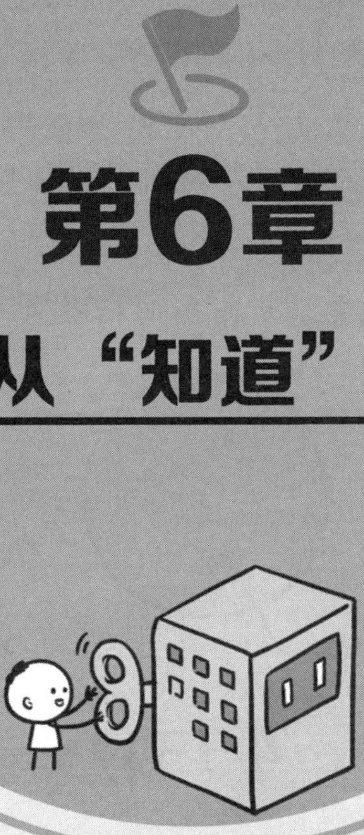

一场有用的培训并非靠单一环节就能实现。根据433模型，培训有效性40%来自训前的需求分析和目标设定，30%来自训中的培训现场，还有30%来自训后的转化。

正因此，我们自始至终牢记“有用才是硬道理”，在每个阶段里都植入有助于成果产出的环节，不断往上正向叠加。

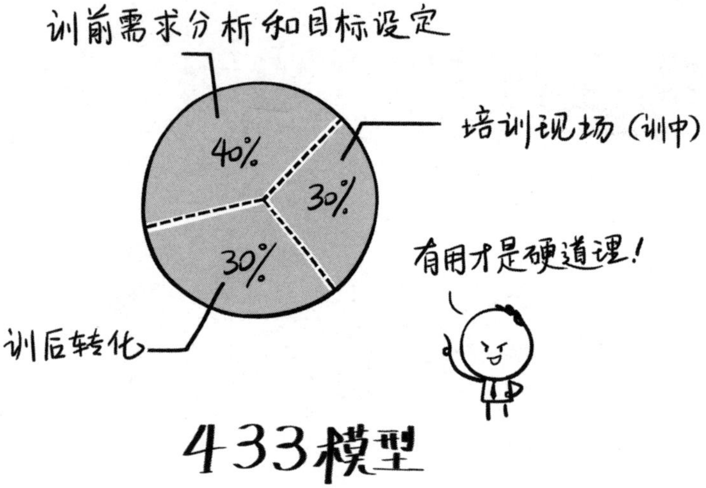

在聚焦选题阶段，提倡识别最重要、最紧迫的业务需求，围绕刚需、痛点、高频的“靶心”来提升绩效。在萃取方案阶段，秉承“从实践中来，到实践中去”的原则，通过“隐性知识显性化，零散经验系统化”萃取高品质解决方案。在设计课程阶段，更是力求有效、有料、有趣，通过科学的教学设计，使学员易学易用，缩短学习周期。

这一切，最终的目标都是为了实现“有用”。现在进度条成功挺进到70%，我们即将为赢得最后的30%而继续努力。

6.1　训后落地，缺失的临门一脚

训后落地环节，在培训有效性中占了 30% 的比重，可谓“有用”的临门一脚。但大多企业对于这一环节的投入仍然非常有限，可以说是培训项目中最容易被忽略、最为薄弱的环节。1988 年，鲍德温（Baldwin）和福特（Ford）就曾经指出“只有不到 10% 的费用真正花在‘学习转化’过程中”。

因而培训转化率低是培训行业中尴尬而普遍的问题。就多方研究所得的数据来看，培训转化率低的不超过 20%（美国培训与发展协会，2008），高一些的有 40%（伯克，2008），再高的也不超过 50%（Saks，2002）。这些转化率相比于培训的投入，回报率相当之低。①

6.2　培训转化的三重阻碍

培训效果转化如此重要，为什么实施情况并不理想呢？

事实上，改变对人类而言本来就殊为不易。哈佛大学成人学习与专业发展教席教授罗伯特·凯根在他的著作中就抛出这样一个现象：一项医学研究显示，假如心脏科医生告诉严重心脏病患者，如果不改变个人生活习惯，如饮食、锻炼、吸烟等，他们将必死无疑。即便在这种情况下，也只有大概 1/7 的人会真正改变自己的生活习惯，剩下 6/7 的人，依然表现出强大的行为惯性，变化很少，甚至一切照旧。

① 数据来源于卡尔霍恩·威克等《将培训转化为商业结果——学习发展项目的 6D 法则》

更何况在组织中，还存在很多阻碍改变的因素。纽斯特罗姆的研究发现，高效学习转化的障碍有 9 个（按影响程度排序如下）：

1 缺乏在工作实践中的学习强化

2 周围（工作）环境的干扰

3 缺乏学习型组织文化的支持

4 受训者认为培训项目不实用

5 受训者认为培训内容与业务无关

6 受训者对学习引发相关工作的变化感到不自在

7 缺乏培训者持续的激励与支持

8 受训者认为培训计划或培训方式很糟糕

9 因为受到来自同事的压力而不愿意采用新技术

其中，只有 4、5、8 这三项和训前设计、训中实施有关，其余六项都是和“训后所处环境及所获支持”有关。

无独有偶，绩效改进之父吉尔伯特在其著作中表示，信息、资源、刺激这三者是影响绩效的环境因素，若没有提供这些支持因素，员工即使接受了专业培训，表现也难达预期。他认为，缺乏工作环境中的绩效支持因素是员工展现杰出表现的最大阻挠。

在我们看来，阻碍培训效果转化的原因至少有 3 个：

1. 意识层面

不少人对培训效果转化存在误解：

有人责任错位，将培训理解为孤立事件，觉得培训师只需要负责把课讲好就尽职尽责了，并没有把训后转化当作培训工作不可或缺的一环。当别人问道：“为什么没了下文？”他们会回答：“转化是学员自己的事情，转化多少要看各自造化，无法强求。”

有一部分培训师恰恰相反，他们大包大揽，全靠一己之力推动落地转化，并没有意识到学员才是改变的主体，而且学员所在部门的上级对转化担负着不可推卸的责任。

2. 技能层面

有些人已经意识到并认可培训转化的重要性，却不知如何操作，缺乏系统的方式方法。很多情况下，培训师不知道如何设计、引导学员实施转化，对转化的进程和转化的程度无从干预和评估。

3. 机制层面

在这一事件中，四个主要的相关方——组织者、培训师、学员以及学员的上级，究竟谁该为训后转化负主要责任，或者大家应如何互相分工协作，大多数组织内并没有明确的界定。责任归属不清晰，自然免不了产生交叉重叠或真空地带。

6.3 “五步七有”打好培训转化组合拳

吉尔伯特的行为工程模型（BEM，如下图），指出绩效提升的影响因素主要有个体因素和环境因素，其中环境因素（信息、资源、刺激）的影响高达75%。所以这正是做好培训效果转化的着力点。

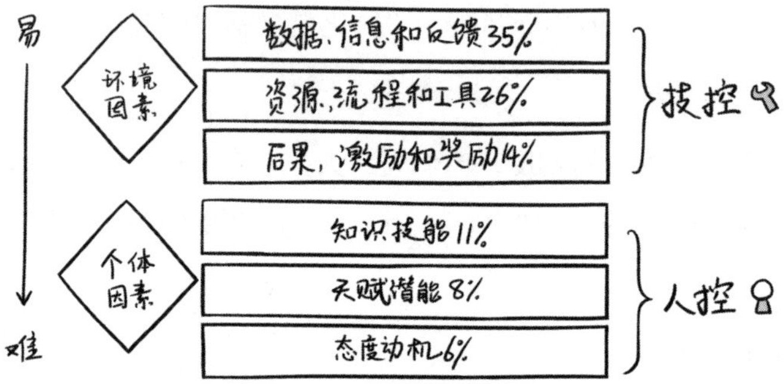

假如学员是一辆车，培训就是给他加满了油，培训转化就要让其发动起来到达目的地。可以通过五个步骤来踢这“临门一脚”：

1．找钥匙：找到驱动因素

车况良好的情况下，如何启动车子？是的，需要用匹配的钥匙。同理，要想学员训后行动，就得找到其驱动因素。

人在职场，驱动因素各有不同，大致归类无非三大方面：前途、钱途和快乐。

人在不同的阶段，侧重点会存在明显的差异。通常说来，30岁之前的年轻人，可能最注重“前途”，看重发展空间，看重组织能为自己的成长提供多少助力。到了 30 ～ 45 岁，可能最注重“钱途”，因为这个阶段结婚、买房、养孩子和陪伴老人，没有一项是不烧钱的。45 岁之后，内心的第一诉求可能是“快乐”，希望有权利选择做自己开心的事情。当然，在 VUCA 时代，很多人会觉得“人到中年不如狗”，没法奢谈“快乐”，转而追求“职业的稳定”。

如果在设计训后转化时，能够充分考虑学员的内在动机，并使学员意识到如果自己做得好，这些内在动机将得到满足，就会从“要我做”变成“我要做”，达到马不扬鞭自奋蹄的效果。

以某课程开发与讲师培养项目（简称 F 项目）为例，在前期沟通、启动会上就告知学员：本次项目除了对公司有好处，个人也至少有三个方面的收益。这些设计都是为了能够用不同的钥匙启动不同的“车”：

一是实打实提升个人能力，增强个人职业竞争力，且与绩效或晋升挂钩（前途）；

二是参加项目表现突出、完成任务就有机会获得各种奖项，未来授课还会有课酬、节日补贴、积分换礼等（钱途）；

三是过程中有各种好玩的环节，团队开发共创共享，还有内训师各类社群活动（快乐）……

2. 快启动：达成一致行动承诺

世界上最遥远的距离，是“知道”和“做到”之间的距离。行动，而且是迅速地行动，是跨越这个鸿沟的唯一桥梁。快启动要满足 3 个“有”：有任务、有计划、有承诺。

- 第 1 个有：有任务

从培训到工作如何实现无缝衔接？最好的方式就是布置可以应用所学的实际工作任务。

在 F 项目中，所有企业培训师都是带着和实际工作相关的课题任务参训、边学边做，并且要求在课后完成相应的课件开发和授课练习。

• 第 2 个有：有计划

凡事预则立，不预则废。在 F 项目中，训后的任务有相应的进程表，什么时候完成课件初稿、什么时候进行授课训练、什么时候进行综合辅导……包括责任人、具体完成事项等都有明确的约定。

有详细的完成计划，才能把大目标分解成一步步可完成的动作，让各方知道自己什么时候要做什么、做到什么程度，才好把控过程进度，应对突发状况，实现最终的转化目标。

一个可执行的计划，应该至少包括具体时间、任务说明、责任人、交付成果等，如果能有监督人、配套奖惩措施则效果更佳。

• 第 3 个有：有承诺

中国古语有言："天失信，三天不明；地失信，四时不成；人失信，五德不行。"② 人无信不立，而立信最直接的注解就是"言出必行"，即践行承诺。

假如要做一件事，大家觉得自己心里默默惦记更可能完成，还是当众公开承诺更可能完成？显然后者居多。哪怕冲着"爱面子"，自己做的承诺，含泪也要完成，所以也有人开玩笑说："确保自己完成某一事项的最好方式是公开承诺。"公开承诺是对自己和公众立信，更能表达一个人的决心，也更能激发一个人的行动。

在促进训后转化的过程中，可以要求学员承诺、鼓励其承担责任，并将承诺公开，提高行动落实的可能性。比如在 F 项目中，学员们签署了行动承诺书，并在全体项目成员面前宣读确认。有学员在分享心得时说："每当遇到困难想要打退堂鼓的时候，想到自己的承诺，就觉得无论如何都要坚持住……"

一个有任务、有计划、有承诺的行动，就像一辆车有了方向、路线和保险，就可以快速启动了。

② 引自《素履子 履言》。

3. 看仪表：督促而非干涉，协助而非替代

开车的朋友们都知道，行车过程中要时不时看看仪表盘，了解当前车速、油耗是否有异常情况，以便及时调整操作，维持正常的行驶。同样的，训后转化过程中也要保持跟进。

没有行动的培训无法落地，没有跟进的行动则容易落空。这里的跟进，是督促而非干涉，是协助而非替代，重点是做到另外两个“有”：有反馈、有支持。

- 第 4 个有：有反馈

督促的最好方法，是进行有效反馈。推荐使用 BEST STEP 模式：

BEST 是指表达反馈的步骤：

B　Behavior description，描述具体行为及客观事实；

E　Express impact，描述行为对组织及他人的影响；

S　Solicit input or suggestions 征求建议及解决方案；

T　Talk about outcomes 讨论欲达成的目标与结果。

STEP 是关于反馈的具体行为要求：

S　Specific 态度真诚，反馈叙述具体；

T　Timely 及时反馈；

E　Environment 选择恰当的环境，通常建议比较轻松的环境；

P　Positive 积极正面的反馈。

比如，某知名服装品牌为连锁店长们组织了《PDPF 岗位教导术》培训，训后除了布置实际工作任务之外，总部的培训师李易还安排了各店巡访观察。有一次，他发现某店王店长的岗位教导还存在一些改善点。

确认王店长安排好了手头工作之后，李易立即（Timely 及时反馈）邀请

王店长一起前往楼下咖啡厅（Environment 选择恰当的环境）小坐。

寒暄之后，李易说："王经理，早上我到店的时候刚好碰到你给小林讲解怎么做连带销售，发现是按着我们之前 PDPF 的四个步骤做的，先……然后……（步骤一 Behavior description 描述具体行为及客观事实），逻辑非常流畅，表达清晰又通俗易懂（Positive 积极正面的反馈），我听到小林在说，听了讲解后很多疑惑点都忽然明白了（步骤二 Express impact 描述行为对组织及他人的影响）。这过程中有一段，在讲到布料分辨的时候，我发现你是直接拿了现场的衣服来让小林体验的（仍是 Behavior description 描述具体行为及客观事实），这个做法特别好！可是你有没有感觉多次拿衣服还是不太方便，有时候万一有一些衣服刚好售罄，还没法让店员触摸，有没有什么方法可以更简便呢？（步骤三 Solicit input or suggestions 征求建议及解决方案）……您建议公司统一做一个实际布料样品手册是吗？这样的好处是……太好了！我回总部向上级申请一下（步骤四 Talk about outcomes 讨论欲达成的目标与结果）。"

- 第 5 个有：有支持

其中最重要的是管理者（学员的上级）的支持。

约翰·纽斯特朗姆和玛丽·布罗德做过一项针对 85 家《财富》杂志 500 强公司的调查，发现有 3 种人对培训内容是否能转化到工作中影响最大：培训的管理者、参训学员、培训师。并且他们的影响程度呈现出以下矩阵：

	培训前	培训中	培训后
管理者	1	8	3
学员	7	5	6
讲师	2	4	9

注：数字的顺序代表对转化的影响程度 (1 代表最重要，9 代表最不重要)。

可以发现，在训后转化阶段，管理者的影响是最大的。

那么在这个阶段，如何鼓励管理者正确参与呢？

F 项目中的一些做法希望能够为大家提供一些参考（背景是项目之初已经管理者进行了需求调研，并邀请其担任课题组导师）：

（1）确认工作计划

请管理者根据实际工作情况，为训后行动计划把关或建议，确定的训后计划抄送管理者，并要求管理者对完成情况确认签字。

（2）给予支持和指导

邀请管理者担任监督人或导师，接受课题组的被动咨询，指导或提供资料、专家等资源，帮助课题组完成任务。

（3）给予精神激励

提醒管理者：当学员遇到困难时给予精神鼓励，对于优秀的实践给予认可和激励。

（4）成果把关

邀请管理者担任评委，进行课程认证、讲师认证。

（5）提供应用机会

与管理者确认，迅速制定授课计划，让所开发的课程、所培养的讲师迅速投入实践。

4．加油门：关注成果，及时激励

问一位刚买车不久的朋友：“有了车之后最常去哪儿？”答曰：“必然是加油站啊。”

是的，要想让车能持续行驶，加油这件事少不了。要实现较好的训后转化，也要注意及时“加油”，也就是做好激励。

- 第 6 个有：有激励

前文已经提到，前途、钱途、快乐是人的内驱力，激励就是通过采取措施使其动力和欲望得到满足，从而做出我们所希望和要求的行为。

众所周知，激励通常包括物质激励和精神激励，且均包括正向激励（奖励）和负向激励（惩罚）。训后转化阶段，哪些激励措施比较有效？

① 积分 /PK

竞争使人进步。当前积分或 PK 在培训中的应用比比皆是，其实训后转化阶段一样可以使用。比如在 F 项目中，训后课件初稿、修改稿等阶段性成果均可得分，前三名完成的课题组有额外加分，本周排名比上周排名有所上升的前三名可再加分……当然没有及时完成任务也有“惩罚”，虽然本组分数不变，但会给其他组加分。

② 红包奖励

近年来，抢红包一度成为全民“运动”，以至于很多人一见红包就习惯性去点、去“抢”，抢到了不论金额大小都很开心。项目筹备前专门划定一块红包预算，发通知前发个小红包吸引注意力，为完成任务的组发定向红包奖励，阶段目标实现发随机红包庆贺……包括向没有完成任务的小组发个小红包作为小小提醒，均不失为可参考的一种激励方式。

③ 公开表彰

F 项目中，每周分数排名、进步情况、突出表现……都整理公布在项目群、OA 等平台，并抄送给相关部门领导。进度滞后的情况，也会通报给相关领导。因此不仅学员重视，部门也重视。

④ 评审考核

F 项目中，设置了课程认证、讲师认证，并评选最佳团队、最佳课程、最佳风采等奖项，通过认证或获奖可获得相关证书、奖杯以及相关奖金、奖品、荣誉勋章等。这些都是对学员的成果的极大肯定，同时也吸引了更多员工参与后续项目。

5．设巡航：持续反馈，固化行为

开车过程中，要持续踩油门，车才能保持前进。同样的，想实现较好的培训转化，也要对学员进行持续赋能。

根据华东师范大学博士王鸥飏老师的建议，推荐训后跟踪教练辅导 2 ～ 6 个月，并通过持续 SEA 促使行为转变得以发生：

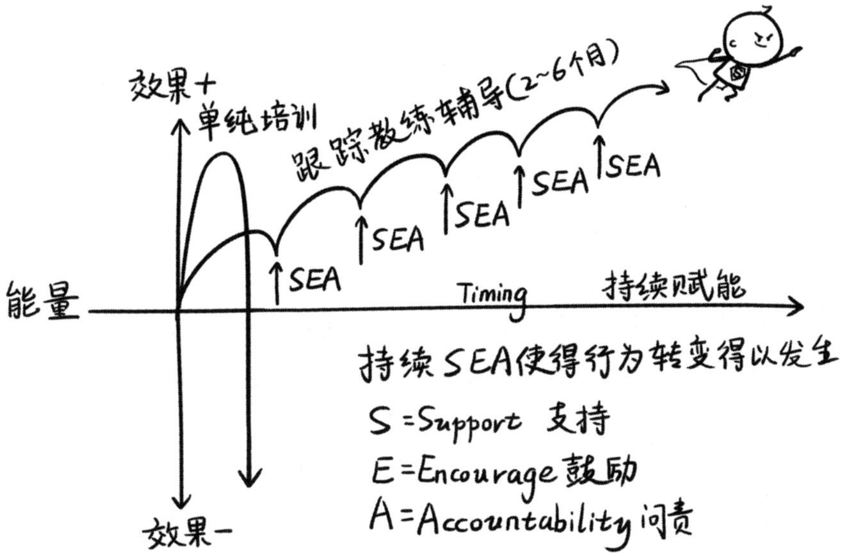

同时，通过分享进一步固化成果、扩大影响：

- **第 7 个有：有分享**

分享是最好的学习，是持续成长的高效模式。我们见证过太多成功案例：分享商务礼仪，自己的形象也大有提升；分享办公软件操作技巧，自己也效率飞跃；分享数据库技术，自己对专业内容理解更系统、更透彻，甚至连续出书……不仅专业精进，影响力也日益扩大。对企业而言，一次培训的效果通过学员的不断分享，惠及面成几何级数上涨，又何乐不为呢？

具体分享的范围可大可小，群内分享、部门分享、公司分享乃至外派分享均可；分享的形式也丰富多样，几句话、短文、短视频、沙龙、辅导、课程……通过社群运作还能提升整个企业的学习氛围，为培训效果转化提供更有力的环境。

所以，一门有用的课程，不仅要打训前、训中、训后的“组合拳”，培训效果的转化本身也应该是“组合拳”——不是靠单一手段、单一环节就能实现的，而是需要通过多个环节、多种手段实现综合效果。

试试看

请为这个课题设计落地转化跟进计划：

1. 课题：这厢有礼啦——培训助教必会的十种礼仪

2. 对象：公司需要担任培训助教、还没有助教经验的所有员工

3. 主要内容：助教常用的形象礼仪、电话礼仪、乘车礼仪、介绍礼仪、引导礼仪等要点

【关注“一起老师”公众号，回复关键字“转化”查看参考答案】

第7章

轻学习：未来学习的八大关键词

7.1 轻学习，化被动为主动

学习正在迎来一场深刻的变革。

本书第一章就说到，VUCA 是一个方生方死、瞬息万变的时代。正是在这样的背景下，才产生了“轻学习”这个概念。那么，轻学习可以帮助我们达到什么目的？要满足哪些特性才称之为轻学习呢？

我们希望通过轻学习，实现将员工从“要我学”变成“我要学”。

在学习中，我们把被动到主动进行了一个划分，如下图所示：

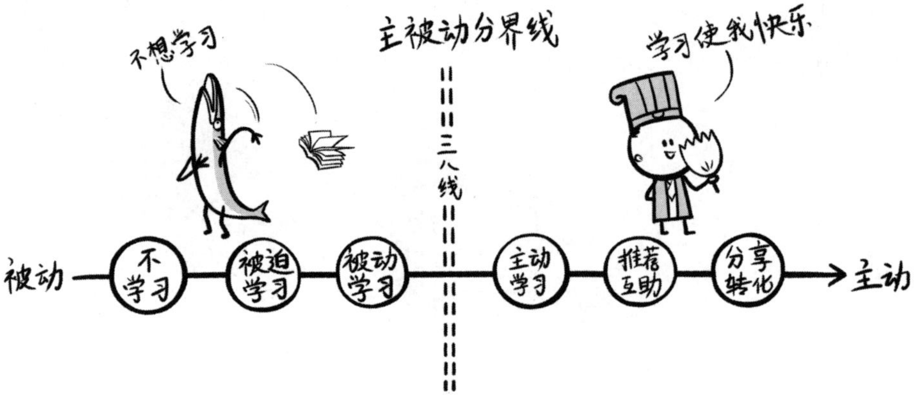

在被动这一侧，可以看到最糟糕的“不学习”，第二个“被迫学习”，稍好一点的“被动学习”，这三种状况在如今的企业里比比皆是。

而在主动这一侧，可以看到三种不同的层次。第一种“主动参与学习”，第二种“推荐与互助”，最后一种“分享与转化”程度最高，也就是从学习接受者变成了提供者。

那么，轻学习又需要满足什么样的标准呢？

有三个要求：

① 按需学习（Just in time）；

② 恰好足够（Just enough）；

③ 个性化（Just for me）。

符合这三个标准的学习方式，才算得上是一种轻学习。

7.2 轻学习的八大关键词

轻学习是一种必然。那么究竟轻学习该怎么“玩”呢？

我们做了大量的实践和观察，总结出 8 个关键词，分别是：业务合体、轻量、愉悦、快捷、重混、场景化、大数据、人人为师。它们又分属于工作方向、产品体验、技术方法、底层基础四个维度，具体如下图：

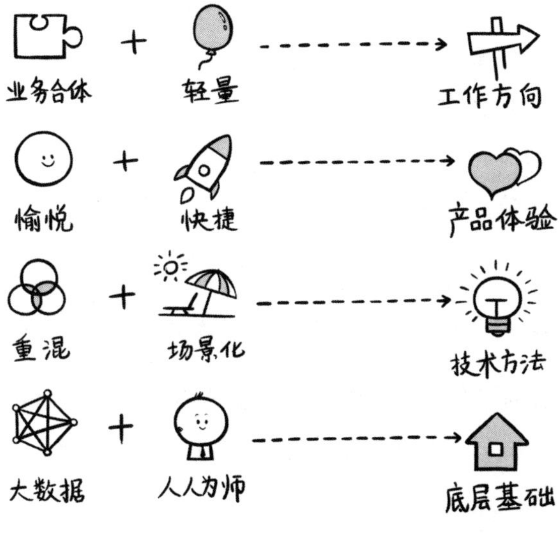

轻学习的8个关键词

7.2.1 业务合体——让学习成为业务的一部分

德鲁克先生在其著作中曾表示："管理是一种实践，其本质不在于'知'，而在于'行'；其验证不在于逻辑，而在于成果，其唯一权威就是成就。"学习作为一种管理活动，也是同样的道理，一定要拿出成果来说话，成果体现在业务、体现在绩效，所以企业培训师的工作是通过帮助学员成功而获得成功的一个过程。

培训和业务之间一般有四种关系类型：

① 对抗，业务和学习是针锋相对的。业务想往东边走，结果培训拼命把他们往西边推，这就陷入了对抗状态。

② 协同，业务在前，学习配合业务。业务往东，培训也跟着往东冲，方向是对的，但往往慢半拍。

③ 合体，学习成为业务的一部分，培训和业务能实现同频共振。以某鞋服行业领军企业的商学院为例，他们的三个方面跟普通培训部门有很大差异：

A. 部门定位直接是业务部门，而不是职能部门。

B. 与业务的关系是同频共振，而不是被动协同。比如有款新品要冲销量，业务部门计划组织销售大赛，培训部门接到策划销售大赛的任务并不是协同跟进，而是和业务部门在刚开始就共同讨论、策划，形成一体化的方案。步伐并不是跟着业务部门，而是和业务部门一起出发。

C. 品牌化运营，拿业绩说话。

正因为这些特性，他们深受业务部门的欢迎。

④ 引领，培训跑在业务前面，帮助业务看清趋势，为业务未来发展奠定基础，让变革发生。这是培训的最高境界。目前能做到这个层次的，可以说寥寥无几。

7.2.2　轻量——消灭一切可以不要的学习

我们要做的是有效的学习，有效的培训。消耗了资源却起不到作用的培训，要想方设法消灭掉。

哪些学习活动是需要消灭的呢？概括为以下三条：

第一条：超越培训效用范围的学习。

第二条：培训不是解决问题的最佳解决方案的学习。

这两点，我们已经在第二章“聚焦选题”中说过，请参考钻石课题漏斗，这里不再赘述。

第三条：过度培训。好比服药一次 10 毫升足够，非得喝 50 毫升。与其教授销售员如何计算复杂税费，以测算一笔订单的利润，不如用 Excel 做自动化表格，填入初始数据后表格会自动跳出结果，然后教销售员怎样使用这个自动化表格。简简单单能解决的问题就不必大费周章。

7.2.3　快捷——用最短的链条让客户尝到甜头

《易传・系辞》中有这样一段话：“乾以易知，坤以简能。易则易知，简则易从。易知则有亲，易从则有功。有亲则可久，有功则可大。”从这段话中可以总结四个字——大道至简，就是要尽量简洁，尽量快。在学习中，我们要如何实现这种境界呢？

从学习的整个链条来看，可以分为前、中、后三个部分。想要缩短学习链条，各个部分需要分别达到“即需”“易学”“易用”。

即需，是当需求产生时，能够在最短的时间内供应产品并使需求得到满足。为了使“即需”成为可能，需要先厘清四组关系：

1．依靠外部 VS 自力更生

企业的培训将越来越多以自力更生为主，内部课程、内部讲师将成为组织学习的绝对主力。

2．一口吃成大胖子 VS 少吃多餐

轻学习的主流是少吃多餐。暴饮暴食容易消化不良。

3．集中 VS 分散

集中就是集中在课堂学习，分散是类似于自己在网络上移动化、自由化、碎片化的学习，或者通过师傅带徒弟——工作教导的方法。集中学习的占比将大幅度降低，分散学习、自主学习将越来越普遍。凡是知识类的学习，将以线上化学习为主。本岗位的专业操作，大部分通过导师制由指导人负责。

4．面向过去 VS 面向未来

本书中介绍的这套方法，侧重面向过去，也就是从过去的最佳实践中提炼组织智慧，形成高品质解决方案，然后再高效地复制和推广。但同类经验只能解决同类问题，一旦条件发生变化，这些经验可能失灵，甚至成为解决问题的阻碍。

在以往，整个社会的节奏比较缓慢，商业模式的升级迭代比较少，“一招鲜吃遍天”是常有的事。但是在 VUCA 的时代，不确定性越来越强，变化的发生不仅频次高而且程度高。在这种情况下，如果还是纯粹依靠向过去学习是远远不够的，更重要的是具备向未来学习的能力，以快速识别变化和适应变化。

要做到这一点，至少可以在三个方面加以改善：

首先，开发课程时，在“道法术器”四个层面中，强化“道”的提炼总结。因为“术”和“器”是个性化的，一把钥匙只能开一把锁，而“道”却完全可能实现“万法同宗”。好比，历史不断在演变，但背后的人性在几千年中并无根本性的变化。

其次，让课程具有自我进化的能力。一方面，对自己开发的课程进行定期或不定期的“审计”，将其中已经过时的，或者被验证为不正确的内容删除，增加一些应对变化的新内容。另一方面，通过专门的教学设计使课程具有“吸星大法”。

在一门针对中层管理者的领导力课程中，设置了训前的“案例搜集”任务，在课堂上又用行动学习的方法组织学员研讨解决他们自己遇到的棘手问题。每一次培训下来，不仅老师教学员，学员也用自己的案例和经验滋养了这门课，很好地实现了教学相长。

再次，多做标杆学习，多做跨界学习，避免与“近亲繁殖”类似的知识退化。多使用群策群力的方式方法开发课程，体现集体智慧，避免个人的知识盲区。

至于易学、易用，在前文中已有大量阐述。未来的学习一定是“傻瓜化”的，对学习者的门槛将大幅降低。

7.2.4　愉悦——用 C 端用户的思维来做 B 端的培训

某市公安局在抖音上拍了段说唱短视频，来教育市民如何防止被诈骗。中纪委采用动漫的方式，向党员干部宣讲《监察法》……如果我们还继续墨守成规，用生硬、老旧的方法做课、讲课，必然会被新生代唾弃。

企业中的培训，追求实现组织（B 端）需求的满足当然是无可厚非的。问题是，员工（C 端）作为接受培训的主体如果对培训不喜欢、不买账，组织的需求就无法得到有效满足。因此，高绩效的培训师在为组织提供学习产品时，要比历史上任何时候都更注重 C 端的用户体验，更注重学员的口碑。需要从组织所需、学员所好和培训所能三个角度去寻找交集，才是事半功倍的发力点。

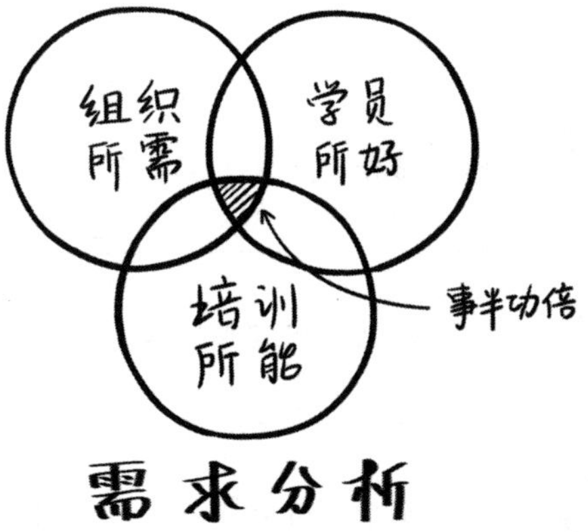

可以观察到的一个变化是，越来越多的培训将颠覆上课的形式，课堂培训会逐步减少，转而采用其他各种各样的载体，学习无处不在，形式丰富多彩。

比如某国内领先的物业公司，他们组织了一个《听我讲，你也可以获奖》的活动，把学习变成先进人物、先进事迹的报告团，从物业的各个模块找到一些优秀的个人，让他们把自己的案例做成一个宣讲，宣传的过程其实就是最佳实践分享、经验提炼总结的过程。这个活动非常成功，这种学习十分高效。

7.2.5 重混——O2O，超级混搭，统合综效

学习作为一种手段，它不是目的。所以为了达成目的，可以采取各种各样的方法。

企友咨询团队在 2018 年对课程开发项目又进行了一次迭代优化。以前是所有的知识在课上讲、所有的任务在课后做，当然在逻辑上没有本质的错误，但有一个明显的困难，就是课上学知识的时候很难统一，以及课后作业的跟进也不容易。后来我们总结了经验，把翻转课堂、微课等引进到项目中，进行了改造升级。

第一个动作是开发了一套全新的线上课程——《跟松哥上讲台——24 课快速成为培训师》，这个课涵盖了“演讲表达”“内容结构”“教学设计”“课件制作”“授课技巧”“提升路径”六大模块，可谓是“一网打尽培训师的真功夫”。第二个动作是设计了一套“说课大赛”的赛制。这个赛制和传统的课程开发项目相比，有几个明显的不同：

1 知识自学：所有人自学线上课程

2 内外结合：内部专家、外部专家在不同环节提供支持

3 以赛代训：用赛事达成学习效果

4 链接业务：所有课题全部来自各大部门实际业务

正因为这些精心的设计，实现了轻、快、爽、好四大特点。玩着玩着就把东西学到手了，不知不觉就把问题给解决了，这才是未来学习要达成的效果。

7.2.6　场景化——基于场景展开的学习是最有效的学习

场景化学习有一个显著的好处是容易让学员找到代入感，而且和实际工作越接近的场景，学员迁移、运用知识和技能的难度就越小。

本书中对“场景”在培训中的运用更多指的是基于实际工作的场景来提取智慧结晶，并在教学过程中更多使用场景化的案例来展开教学。案例毕竟还是抽象的信息，需要经由学员大脑的加工来还原场景感。

随着培训条件的改善和科学技术的发展，培训中的场景真实度正在发生质的飞跃。举两个例子：某知名航空公司的培训是通过舱门训练器、客舱服务训练舱、全自动飞行模拟机等完全模拟现实中的真实情况进行的；某工厂专门开辟了一个培训专用的实训车间。在这些环境中学习，学员所学和所用一模一样，达到了零距离迁移的效果。

7.2.7　大数据——每家企业都应该拥有学习平台

在移动互联网全面普及之后，人类产生了海量数据。这些海量数据中蕴含了巨大的宝藏。阿里巴巴的马云甚至断言：“大数据是未来发展的动力。”因为通过对大数据进行挖掘和分析，完全可以做到“比你自己还懂你。”

马云为了证明这一点，在一次大会上还以开玩笑的口吻公布了一个结论：“你们知道购买最大的内衣罩杯的消费者是在哪几个省吗？我这儿有。最小的是哪个省？是浙江省。你们知道全国哪个省的男人最喜欢给自己的女朋友或者老婆买泳衣吗？是新疆和内蒙古这两个自治区。去年情人节，很多城市购买鲜花和安全套的比例完全不一样，比如在温州，买鲜花的人远远少于买安全套的人——实用主义；在上海则是买鲜花的人远远多于买安全套的人。”

在培训领域，大数据对于智慧萃取以及学习情况追踪评估带来了极大的便利。企业培训师可以使用大数据的研究成果来完善和检验自己的课程，也可以借助一些学习平台提供的大数据功能来了解学员学习的真实进程，促进学员在训后的落地转化。

7.2.8 人人为师——老师即学员，学员即老师

学员是坐着的老师，老师是站着的学员。原意是指在课堂上，老师应该以平等的视角对待学员，充分调动学员的参与，实现教学相长。如果从更广义的角度讲，学员本身既是知识的消费者，也可以是知识的生产者，每个人都可以在担当“学员”的同时成为“老师”，这就像互联网人常常提到的 UGC（用户生产内容）一样，用户既是信息的消费者也是信息的生产者。

在新型网状组织中，“教”与“学”都是多向的。每一位管理者、业务专家、技术大咖都应该掌握培训师技能，在业余充当培训师的角色去教书育人。这样才能真正实现“让人人为师不再难，让人才培养更简单”的美好愿景。

上述从底层基础、技术方法、用户体验、工作方向四个方面总结出来的轻学习八大关键词，有些已经陆续在培训中扎根实践，比如本书所介绍的整套方法中就有这些关键词的诸多体现，还有一些是对未来趋势的研判，等待我们去探索。

无论时代如何变化，我们相信以下三点都值得我们去坚持：

① **好老师首先是个好学生**。保持终身学习的好习惯，就有机会不断遇见更好的自己；

② **有用才是硬道理**。培训，不是目的，而是手段，如果不能给学员带来行为改变、不能帮助学员更好地解决问题或完成任务，那么就是在浪费学员的生命；

③ **“培训师 +”将成为职场精英的标配**。掌握培训师技能的人，无论在哪一个行业，无论是不是管理者，都更有机会成为人生赢家。因为成长是人类永恒的刚需，学习不会停止，老师不可或缺。

参考文献

[1] 杨国安 . 组织能力的杨三角——企业持续成功的秘诀 [M]. 北京：机械工业出版社，2010.

[2] 哈雷 • 曼宁 . 体验为王：伟大产品与公司的创生逻辑 [M]. 高洁，译 . 北京：中信出版社，2014.

[3] L • W • 安德森 . 学习、教学和评估的分类学 [M]. 皮连生，主译 . 上海：华东师范大学出版社，2008 .

[4] 唐纳德 • 柯克帕特里克，詹姆斯 • 柯克帕特里克 . 如何做好培训评估——柯氏四级评估法 [M]. 奚卫华，译 . 北京：机械工业出版社，2007.

[5] 卡尔霍恩 • 威克等 . 将培训转化为商业结果——学习发展项目的 6D 法则 [M]. 周涛，宋亚南，译 . 北京：电子工业出版社，2013.

[6] 盛群力，宋洵 . 走进五星教学 [M]. 济南：山东教育出版社，2010.

[7] 陈中 . 复盘 [M]. 北京：机械工业出版社，2013.

[8] 朱安妮塔 • 布朗等 . 世界咖啡——创造集体智慧的汇谈方法 [M]. 汤素素，金沙浪，译 . 北京：电子工业出版社，2015.

[9] 陈春花 . 激活组织——从个体价值到集合智慧 [M]. 北京：机械工业出版社，2017.

[10] M • P • 德里斯科尔 . 学习心理学——面向教学的取向 [M]. 王小明，译 . 上海：华东师范大学出版社，2008.

[11] P • L • 史密斯等 . 教学设计 [M]. 庞维国，屈程，韩贵宁，邱于飞，译 . 3 版 . 上海：华东师范大学出版社，2008.

[12] 威廉 • J • 罗思韦尔 . 掌握教学设计流程 [M]. 李洁等，译 . 3 版 . 北京：北京大学出版社，2007.

[13] R • M • 加涅 . 教学设计原理 [M]. 王小明，庞维国，陈保华，汪亚利，译 . 5 版 . 上海：华东师范大学，2007.

[14] W • 迪克 . 系统化教学设计 [M]. 庞维国，译 . 6 版 . 上海：华东师范大学，2007.

[15] 基恩 • 泽拉兹尼 . 用演示说话：麦肯锡商务沟通完全手册 [M]. 马振晗，马洪德，译 . 北京：清华大学出版社，2013.

[16] 基恩 • 泽拉兹尼 . 用图表说话：麦肯锡商务沟通完全工具箱 [M]. 马晓路，马洪德，译 . 北京：清华大学出版社，2013.

[17] R • 布莱恩 • 斯坦菲尔德 . 学问 ORID——100 种提问力创造 200 倍企业力 [M]. 钟琮贸，译 . 北京：电子工业出版社，2016.

[18] 田俊国 . 上接战略下接绩效——培训就该这样搞 [M]. 北京：北京联合出版社，2013.

[19] 朱莉 • 德克森 . 认知设计——提升学习体验的艺术 [M]. 简驾，译 . 北京：机械工业出版社 ，2013.

[20] 鲍勃 • 派克 . 重构学习体验——以学员为中心的创新性培训技术 [M]. 孙波，庞涛，胡智丰，译 . 南京：江苏人民出版社，2015.

[21] 威廉 • J • 罗思韦尔 . 超越培训，凭绩效说话 [M]. 乔学军，李龙乔，宋霆，译 . 厦门：鹭江出版社，2015.

[22] 凯文 • 凯利 . 必然 [M]. 周峰，金阳，译 . 北京：电子工业出版社，2016.

[23] 迈克尔 • 霍恩 . 混合式学习——21 世纪学习的革命 [M]. 混合式学习翻译小组，译 . 北京：机械工业出版社，2016.

[24] 威廉姆斯 . 写给大家看的设计书 [M]. 苏金国，李盼等，译 . 北京：人民邮电出版社，2016.

[25] 安德斯 • 艾利克森 . 刻意练习——如何从新手到大师 [M]. 王正林，译 . 北京：机械工业出版社，2017.

[26] 当年明月 . 明朝那些事儿 [M]. 北京：中国海关出版社，2011.

[27] 古典 . 跃迁 [M]. 北京：中信出版集团，2017.

[28] Salman Khan. 翻转课堂的可汗学院——互联时代的教育革命 [M]. 杭州：浙江人民出版社，2014.

[29] 史蒂芬 • 柯维 . 高效能人士的七个习惯 [M]. 北京：中国青年出版社，2018.

[30] 李忠秋 . 结构思考力 [M]. 北京：电子工业出版社，2018.